JN087346

臨床心理学23-6（通巻138号）

［特集］カップルセラピーをはじめる！──もしカップルがあなたのもとを訪れたら？

新刊案内

Ψ金剛出版　〒112-0005　東京都文京区水道1-5-16　Tel. 03-3815-6661　Fax. 03-3818-6848
e-mail eigyo@kongoshuppan.co.jp　URL http://kongoshuppan.co.jp/

精神分析的サポーティブセラピー（POST）入門

［著］岩倉 拓 関真粧美 山口貴史 山崎孝明　［特別寄稿］東畑開人

精神分析を起源として独自の発展を遂げる，しかしこれまで決して名づけられることのなかった「ありふれた臨床」——精神分析的サポーティブセラピー（Psychoanalysis Originated Supportive Therapy：POST）。「POST」とはどのような理論的基盤をもち，臨床フィールドにおいていかに実践されているのか，2つの事例とその逐次的解説を通じて「POST」の魅力と実践可能性を紹介する。POSTを今ある臨床実践に接ぎ木して根づかせていくための「はじめてのPOST実践ガイド」。　定価3,740円

怒りを適切にコントロールする認知行動療法ワークブック
少しずつ解決に近づくエクササイズ集

［著］ウィリアム・J・クナウス
［監訳］堀越 勝　［訳］浅田仁子

怒りという誰にでもあるごく自然な感情は，出来事自体ではなく，その出来事への見方に原因がある時に問題となる。怒りを，前向きで建設的な「自然な怒り」と，毒性や問題のある「寄生性の怒り」の2つに分け，怒りが起こりやすい思考について取り組みやすくし，寄生性のある怒りを予防・軽減するための認知行動療法に基づいたテクニックを紹介していく。　定価3,300円

公認心理師標準テキスト

［監修］一般財団法人 日本心理研修センター

現任者講習会の指定科目——「公認心理師の職責」「主な分野に関する制度」「主な分野（保健医療，福祉，教育，司法・犯罪，産業・労働）に関する課題と事例検討」「精神医学を含む医学に関する知識」「心理的アセスメント」「心理支援」「評価・振り返り」——を基本に，出題範囲に含まれ，臨床実務にも欠かせない「基礎心理学」科目を収録。資格取得者がそれぞれの任地で課題に直面した際，支援者に必要なコンピテンシーや基本的な姿勢を学び直すことにも大いに寄与するものである。第6回試験問題など各種付録の最新版を収録するほか，新たな法令に即して全面的な改編も施された，アップデートされ続ける発展期の公認心理師時代の決定版テキスト。　定価4,180円

価格は10%税込です。

［特集］カップルセラピーをはじめる！──もしカップルがあなたのもとを訪れたら？

パートナーとの関係はあなたの人生を変える

三田村仰 Takashi Mitamura

立命館大学総合心理学部／カップルらぼ（個人開業）

わたしが一人の人間である以上，わたしは不完全な存在であるだろう。その不完全な人間があなたに惹かれ，あなたを愛し，あなたもまた私を愛し受け入れてくれるなら，それは，わたしという世界にとっての一大事である。

私たちはいかにして，最も近しい他者と互いに理解し合うことができるのだろうか（本特集・宮原論文）。欧米においてカップルセラピーは半世紀以上の歴史があり，すでに効果的な方法論が確立され，現在，その普及段階に入っている（三田村，2021-2023）。日本においてカップル関係への心理学的支援はほとんどネグレクトされてきた領域であり，早急な支援体制の確立が望まれる（三田村，2023）。本特集は，日本でのカップル支援の発展を刺激することを狙いとしている。

I　なぜ「カップル」なのか？

1　カップル関係とは？

"カップル"とは，恋人関係，夫婦関係に代表される親密な二人関係のことで，それは，年齢，性別，ジェンダー，人種，民族，障害の有無，婚姻や同棲の有無などのさまざまなカテゴリーを超えて成立しうる（本特集の各コラムも参照）。ア

タッチメント理論では，乳幼児期に体験された養育者との関係性は，その後の，その人における自分自身や世界の見方に大きな影響を与えることを指摘してきた。子ども時代に築かれた不安定なアタッチメントの傾向は，その後の人生における心理的な苦悩や対人的な葛藤を予測するとされている。しかし，1980年代に入ると，アタッチメントのあり方は時間経過に伴い変化しうることもデータから指摘され始めた（Mikulincer & Shaver, 2017）。そして，その変化のための大きな舞台となるのが，カップル関係である。かけがえのない人との関係性は，親密さを巡る葛藤，そして，自己と世界との再構成の舞台となりうる（本特集・古村論文）。

2　「部屋の中の像」に向き合う

Lebow & Snyder（2022）は，現代においてカップルセラピーの必要性が高まり，また急速に発展を遂げつつある背景について3つの理由をあげている。

1つ目は，カップル関係における苦痛の蔓延である。1970年代から今世紀初頭にかけて離婚率は世界的に上昇している。その傾向は，これまで離婚が一般的でなかった国でさえ顕著であり，日

本もその例外ではない。日本では今や3組に1組が離婚を経験する。

2つ目の理由は，カップル関係がおよぼすパートナー双方における心身，およびその子どもに与える悪影響の大きさである。パートナーとの関係悪化はそれ自体が苦痛であるが，その苦痛はさらなる苦悩をも生み出す。質の低いカップル関係は，種々の精神障害や身体疾患に罹患するリスクを高め，離婚や離別は自殺のリスクを倍増させることが多くの研究から指摘されている。

さらにカップルが子どもをもつ場合，両親の不和は，その時点および将来に亘って，子どもの心身に多種多様な形で悪影響（例：学業不振，不登校，子から親への暴力，ひきこもり，自傷行為，非行，薬物乱用，脱毛，抜毛，胃腸障害，不安，抑うつ，摂食障害，境界性パーソナリティ障害，強迫性障害，過換気症候群，PTSD，注意欠如・多動性障害（ADHD）および自閉スペクトラム症（ASD）の顕在化，アレルギー疾患，喘息，肥満）を与えることが繰り返し指摘されている（Bernet et al., 2016；中村，2018）。

3つ目の理由は，人々がパートナーとの関係に求めるものの変化である。日本について言えば，これまで家父長制の下，「家」という単位が社会の中で重要視されてきた。このシステムにおいてカップル（夫婦）は，個人と個人との親密な関係性よりも，家族のなかにおける「役割」（子どもに対しての父親と母親）としての機能が優先されてきた。しかしながら，自由恋愛や恋愛結婚が一般的になるなど社会の構造が変化するなか，今や人々は役割としてではなく，「わたしとあなた」として向き合うこと（本特集・谷論文）を求める傾向にある。

II カップルセラピーとは？

1 カップルセラピーの目的とその効果

カップルセラピーの目的とは端的に，カップル関係の質の向上である。何をもってカップル関係の質の向上とみなすかにはさまざまな考え方があ

りうるが，少なくとも「これからも一緒に居たい」とお互いに思えるような関係性を目指すことがあげられるだろう。いずれにしても，その目標は各パートナーの価値観や意思を尊重したものであるべきである（本特集・小西論文，国重論文）。その意味で，セラピストは，カップルに対し，伝統的であれ平等的であれ特定のジェンダー役割を押し付けたり，とにかく別れさせないといった態度は慎むべきである。場合によっては関係の解消が二人にとって最適な解となることもあるだろう。

メタ分析によれば，確立されたカップルセラピーは70～90%のカップルの関係性を改善できる（Lebow & Snyder, 2022）。また，必ずしもカップル関係の改善を主目的としない，個人における特定の心理的・行動的な問題の緩和を目的とした，カップルでの合同面接がなされる場合もあり，それらの有効性も認められている（Baucom et al., 2014）。

2 二人（カップル）で参加することの意味

そもそもパートナーとの関係の質の向上は個人療法（セラピストとの一対一での面接形態）では叶えられないのだろうか？　結果的に個人療法でパートナーとの関係性が改善することはありうる。ただし，合同面接であれ個人面接であれ，そこでの目標は，来所している「その人自身が」どう変わるかに限定される。アサーション・トレーニングでもよく言われるように「他者を変えることはできない，変えられるのは自分だけ」なのだ（三田村，2021）。したがって，どうしてもパートナーとの関係性への不満が拭えない場合，取りうる選択は究極的には「それでも相手と関わり続ける」か「相手との関わりをやめる」かのいずれかになってしまうだろう。

関係性の改善を求める「二人」，つまり「カップル」が同席することで初めて，「カップル関係の変化（関係性の改善）」は妥当な目標となりうる。ただし，実際にはこういった目標に対し，二人のうち一方の動機づけが低いことも一般的であ

る。セラピストには二人それぞれとの間に同じように信頼関係を築きながら，三者で協働的にセラピーを進めることが求められる。いずれにしても，カップルセラピーは関係性の質の向上という目的にとって最も合理的な方法論なのである。

3　カップルセラピー実施における禁忌

カップルセラピーが強力な方法論である以上，そこには禁忌も存在する。暴力や虐待の存在は，程度や種類の差はあれカップル内では必ずしも珍しいことではないが，パートナー双方の心身の安全が確保できない状態での実践は明らかに不適切である。また，進行中の不貞関係（不倫，浮気）が存在する場合，それ自体がカップルセラピーの趣旨と反している。それ以外にも，パートナーの双方もしくは一方が，関係解消を希望している場合，希死念慮や依存症，重度の精神障害を患っている場合なども，カップルセラピーは原則的に適切とはいえない（Margolin et al., 2022）。

4　カップルセラピーがもつ理論統合的な性格

カップルセラピーにおける理論的な特徴は，個人内（intrapsychic）と個人間（interpsychic）の両プロセスを統合的に捉える点にある。理論的な系譜として，パートナー間の相互作用については主にシステミックなアプローチ（家族療法に由来するもの）から，個人内の心理的プロセスについては特に各種の個人療法（精神力動的アプローチ（本特集・仙道論文），行動的アプローチ（三田村，2017），人間主義的アプローチなど）からそれぞれ影響を受けており，かつカップルセラピーはそうした複数の理論を統合することで発展してきた。

カップルセラピーにもさまざまな種類がある。その効果が繰り返し確認されてきた代表的なものとして，感情焦点化カップルセラピー（EFT）（本特集・岩壁論文，高井論文），統合的行動的カップルセラピー（IBCT），認知行動的カップルセラピー（CBCT）などがあげられる。これらはいず

表　6つの変化の原理

原理1	首尾一貫した概念的枠組みからなされる
原理2	二人の問題について二者間的な視点を提示する
原理3	感情に振り回された，危険で，破壊的な行動を変容する
原理4	回避されていた，感情に基づく内的な反応を引き出す
原理5	建設的なコミュニケーションを育む
原理6	強みを活かし，ポジティブな行動を促進する

れも統合的な性格をもっている。

さらに，そうした統合的なカップルセラピーをも横断して共通した変化の要因や原理を探求する試みもある。Christensen et al.（2020）は効果的なカップルセラピーに共通した6つの変化の原理を抽出している（表参照）。

5　カップルセラピーの発展を支えるさまざまな研究

カップルセラピーの発展の背景には，1970年代後半から1980年代に本格化したさまざまな研究知見の蓄積がある（三田村，2021-2023）。Gottman JMは夫婦を対象とした観察研究を系統的に行い，後の離婚を予測するマーカーを明らかにしていった。Greenberg LSは，感情についての学派横断的な理論を体系化し，Johnson SMはこれと並行して発展してきた成人のアタッチメント研究の知見（Mikulincer & Shaver, 2017）をカップルセラピーに取り入れた。Jacobson NSはランダム化比較試験（RCT）によるカップルセラピーの効果検証を開始し，現代の実証的なカップルセラピーの基礎を築いた。現在も，効果的な実践手続きについての検討やフォローアップでの効果の維持など，カップル関係を支援するための研究が絶えず継続している。

III　日本での実践に向けて

1　カップルセラピーは日本文化に馴染まない!?

日本でこれまでカップルセラピーが発展してこ

なかった背景には，「カップルセラピーは欧米的なものだから日本では使えない」という先入観もあったのかもしれない。実際，日本と欧米とでは，夫婦／カップルのあり方，アタッチメントの傾向，感情表出の仕方などにおいて差異があることも指摘されている（三田村，2021-2023）。しかしながら，心理学的支援法の世界では，文化を超えた人類の共通性を仮定しつつ，それぞれの文化に合わせながらの実践が試みられてきた（三田村・大久保，2022）。実際に，Mitamura et al.（2023）は日本のカップルにもカップルセラピーが有効であることを例示している（文脈的カップルセラピー）。つまり，文化差がありながらも，日本でのカップルセラピーの実践は可能だといえよう（本特集・松本論文）。

2　どのように実施できるか？

　カップルセラピーの普及段階に入った北米では，カップルのプログラム参加への敷居を下げる試みとして，通常10〜30回近くを要するカップルセラピーに対し，2〜3セッションの健診型の予防的プログラム（マリッジ・チェックアップ）も開発されている。また，経済水準に制約されず参加がしやすいオンラインプログラムなども開発され，それぞれ有効性が確認されている。

　日本での実践を考えた際，支援者側，参加者側共に最も敷居が低いのは，心理教育型のワークショップの実施であろう。ワークショップは複数のカップルが同時に参加するという意味でカップルセラピーそのものではないが，関係性が悪化する前の時点での予防的介入としても，またその後のカップルセラピーへの参加者の敷居を下げるうえでも有効だろう。

　また，加えて，本特集（三田村・谷論文）でも紹介する文脈的カップルセラピー（三田村，2023 ; Mitamura et al., 2023）は，予防的な介入から本格的なカップルセラピーの領域までをカバーしうる，日本でのカップルセラピーの原型になるものと期待される。

3　どこで実践すべきか？

　現在，欧米ではカップルセラピーの対象拡大も進んでいる。例として，親への移行期のカップル，障害児をもつカップル，里親のカップル，パートナーとの間に暴力が存在するカップルなどへのプログラムがあげられる。また，パートナーとの合同面接を行うことで，個人レベルでの心理・行動的な障害（うつ，アルコール依存，喫煙，PTSD，強迫性障害，摂食障害など）にも有効であることが示されている（Baucom et al., 2014）。

　日本の文脈で考えた場合もさまざまな領域での展開がありうる。医療領域では，精神障害や身体疾患に焦点を当てた介入や，周産期における支援（本特集・中島論文）などが可能かもしれない。教育領域では，アサーションなどと並行して，親密な他者との関係性に関して，健康的な関係性の築き方，暴力の予防，性教育などの文脈でクラス単位での心理教育が有効かもしれない。また学生相談では，パートナーを連れて相談室に来所した場合への対応にも応用可能であろう。司法領域では，家庭裁判所などにおける苦痛を抱えた夫婦間での建設的な対話の補助に応用が可能かもしれない（本特集・橋本論文）。産業領域では，職場内カウンセリングや福利厚生の一環として従業員とそのパートナーを対象にした面接を実施しうるだろう。福祉領域では，同居中のパートナー間でのコミュニケーションを理解し，言葉かけを工夫するうえで有用かもしれない。最後に，開業領域は，より専門的なトレーニングを受けた心理職が，セラピーとしての実践を提供できる場となるべきであろう。

4　だれが実践すべきか？

　広く日本のカップルたちを支援するためには，多くの支援者が必要である。日本の現状としては，「公認心理師」「臨床心理士」（その他の民間資格ではなく）を中心に，助産師等の専門職をはじめ多職種連携的に活動を進めることが妥当であるだろう。十分なトレーニングを受けていない支援者

が行う実践は，その効果を減じたり（Pinquart &
Teubert, 2010），参加したカップルからの不満を
招くこと（Lebow et al., 2012）が示唆されている
ため注意も必要である。「端的に言って，カップル・
セラピーを行うためのトレーニングを受けていな
い支援者は，標準以下の質のセラピーを提供し
たり，害をなす危険さえある」（Margolin et al.,
2022, p.693）。倫理的な面からも，カップルセラ
ピーの実践はトレーニングを受けた対人援助の専
門職が行うべきであり，精神病理学や子どもの発
達，セクシュアリティといった関連領域にも通じ
ていることが求められる（Margolin et al., 2022）。

　現在，日本でのカップルセラピーについての安
全性や効果に関する研究は始まったばかりである
（三田村，2023）。今後，カップルセラピーに関す
る研究はもちろんのこと，学術団体や国家資格関
連団体がリードして支援者養成の場を提供してい
くことが期待される。目の前のカップルだけでは
なく，未来のカップル，そして子どもたちのため
に，今，私たち支援者が動き始めなくてはならな
い。

▶謝辞
　本研究は JSPS 科研費 JP23K02926 の助成を受けたもの
です。

▶文献

Baucom DH, Belus JM, Adelman CB et al. (2014) Couple-
based interventions for psychopathology : A renewed
direction for the field. Family Process 53-3 ; 445-461.

Bernet W, Wamboldt MZ & Narrow WE (2016) Child
affected by parental relationship distress. Journal of the
American Academy of Child & Adolescent Psychiatry
55-7 ; 571-579.

Christensen A, Doss BD & Jacobson NS (2020)
Integrative Behavioral Couple Therapy : A Therapist's
Guide to Creating Acceptance and Change. 2nd Edition.
New York, NY : W.W. Norton & Company.

Lebow JL, Chambers AL, Christensen A et al. (2012)
Research on the treatment of couple distress. Journal
of Marital and Family Therapy 38-1 ; 145-168.

Lebow J & Snyder DK (2022) Couple therapy in the
2020s : Current status and emerging developments.
Family Process 61-4 ; 1359-1385.

Margolin G, Gordis EB & Rasmussen HF (2022) Ethical
issues in couple therapy. In : JL Lebow & DK Snyder
(Eds) Clinical Handbook of Couple Therapy. 6th
Edition. New York, NY : The Guilford Press, pp.677-698.

Mikulincer M & Shaver PR (Eds) (2017) Attachment
in Adulthood : Structure, Dynamics, and Change. New
York, NY : The Guilford Press.

三田村仰（2017）はじめてまなぶ行動療法．金剛出版．

Mitamura T (2018) Developing the functional
assertiveness scale : Measuring dimensions of objective
effectiveness and pragmatic politeness. Japanese
Psychological Research 60-2 ; 99-110.

三田村仰 編（2021）特集 アサーションをはじめよう──コ
ミュニケーションの多元的世界へ．臨床心理学 21-2.

三田村仰（2021-2023）カップルセラピーは夫婦を危機か
ら救えるか（連載：第 1-14 回）．こころの科学 218-230.

三田村仰（2023）文脈的カップルセラピー（Two-CCT）
の開発．家族心理学年報 41 ; 108-116.

三田村仰，大久保賢一 編（2022）特集 アセスメントで行
動の意味を探究しよう！──ポジティブ行動支援（PBS）
と臨床行動分析．臨床心理学 22-4.

Mitamura T, Tani C, Harada A et al. (2023)
Videoconferencing two-session contextual couple
therapy in Japan : A feasibility randomised controlled
trial. Open Paper presented at the 10th World Congress
of Cognitive and Behavioral Therapies (WCCBT).
COEX, Seoul, Korea.

中村伸一（2018）夫婦不和の子どもへの影響．心身医学
58-4 ; 320-325.

Pinquart M & Teubert D (2010) A meta-analytic
study of couple interventions during the transition to
parenthood. Family Relations : An Interdisciplinary
Journal of Applied Family Studies 59-3 ; 221-231.

［特集］カップルセラピーをはじめる！──もしカップルがあなたのもとを訪れたら？

共依存とカップルセラピー

小西真理子 Mariko Konishi

大阪大学大学院人文学研究科

I　はじめに

　共依存という言葉は，1970年代末のアメリカにて，アルコール依存症治療に関わるセラピストやソーシャルワーカーの観察にもとづいて誕生した。当初，依存症者当人を献身的に支えるパートナーが，実は依存症者に依存されることで自身の存在価値を見いだし，依存症の治癒を妨害するふるまいを無意識にも取ってしまうといった症状を指し示していた共依存という言葉は，依存症者とパートナーのあいだの関係性そのものをも指し示す言葉へと意味拡張をとげた。さらに共依存という言葉は，依存症者とそのパートナーの関係性だけでなく，「離れた方が楽なはずなのに，双方が互いに依存し合っているため，当人たちがなかなか離れようとしない関係性」を幅広く指す言葉になった（小西，2017）。

　これまで私は，共依存的な関係性の対処法として，当人たちを「引き離す」という方法以外の可能性について研究してきた。ここで私が着目してきたのは，カップルの「関係性」にアプローチするような方法である。実際の臨床現場において関係性へのアプローチは着目されてきたものの，現在の精神医学においては，診断は個人に下されるものであり，アメリカ精神医学会が発行する『精神障害の診断と統計マニュアル』（DSM）にも，世界保健機関が発行する『国際疾病分類』（ICD）にも，関係性を病理化する診断名は存在しない[注1]。関係性を病理化することにはさまざまな難点があり，それ自体には慎重であるべきだが，カップルが引き起こす諸問題においてその関係性に着目する視点は，苦しみを伴うような関係性を修復する可能性を当人たちに提供する。そのようなアプローチを可能にする方法のひとつがカップルセラピー[注2]であろう。

　カップルセラピーでは，カップル二人がクライエントとして同一のセラピストから同時にセラピーを受けることを基本とし，必要に応じて個別セラピーも取り入れながら，カップルの関係性そのものに対するアプローチが試みられている。共依存的なカップルのなかには，その関係性自体は苦しいけれど，相手とは離れたくないため，二人の関係性の変容を望んでいる人たちが少なくない。カップルセラピーの代表的な相談内容は，不貞行為，性生活の悩み，子どもを取り巻くもめごとなどではあるが，このようなニーズにもカップルセラピーは応える可能性をもっているだろうし，そのような期待をもってセラピーに訪れるク

ライエントもいるだろう。本稿では，「離れた方が楽なはずなのに，双方が互いに依存し合っているため，当人たちがなかなか離れようとしない関係性」という意味での共依存的なカップルがカップルセラピーに訪れることを想定し，その際に生じうるひとつの懸念について示したい。

Ⅱ　カップルセラピーの概要とその禁忌

福祉学者の渋沢田鶴子によれば，カップルセラピーの歴史は，1930年代にイギリスとアメリカで結婚カウンセリングとして発展したことからはじまる（渋沢，2016）。カップルセラピーは1960年代中期より家族療法が盛んになることで一度は勢力を失うことになるが，1985年頃からアメリカにおいて復興し，家族療法とは独立して発展を遂げるようになったという。国内でカップルセラピーを実践する中村伸一（2016）によれば，日本においても1985年以降に急激にカップルセラピーが増加した。日本家族療法学会にてメインシンポジウムのテーマとして掲げられたり，本号のような雑誌の特集や連載が組まれたりするなど，ここ10年ほどで学術的にも検討されるようになってきている。

カップルセラピーには，個別セラピーにはない独特の困難さが加わることが指摘されている。心理学者の野末武義によれば，ほとんどのクライエントは，もう片方のパートナーにこそ問題があり，相手の問題解決を目的としてセラピーを希望するのであり，自分自身に問題があるとは考えていない。そこでセラピストには，二人の関係性（の悪循環）にアプローチするために，クライエントの視点を転換させることが求められることになる（野末，2021，p.702）。他方，カップルセラピーでは，カップルのコミュニケーションや悪循環を直に観察することができ，カップルに同時に同じメッセージを伝えることができる。したがって，セラピストはカップルの共通認識を促したり，関係性の問題に直接介入できたりするという利点がある（野末，2016，pp.85-86）。このような関係性に働

きかけることで到達される関係修復こそがカップルセラピーに期待されるところのものであり，共依存的な関係性を築くカップルのニーズに応えられうるところのものであるだろう。

ただし，カップルセラピーにおける禁忌としてもっとも頻繁に提示されるのが，DVや虐待といった暴力が存在する状態だということは強調すべきである。イギリスのセラピストであるMartin Payneは，カップルセラピーにおいてカップルないしその家族に非合意的な暴力が存在することが発覚した場合，基本的にはセラピーを実施・継続すべきではなく，被害者や被害者の子ども，カウンセリング機関，カウンセラー自身を含める関係者の安全確保が最優先にされるべきであると主張する（ペイン，2022，pp.255-259）。暴力が存在するカップルセラピーの成功例も存在はするが（五十嵐ほか，2001），心理学者の三田村仰が指摘するように，「少なくとも，DVを扱う際には，DVをはじめから念頭に置いたプログラムこそが必要」（三田村，2021，p.134）という視点を携えることが重要である。

Ⅲ　共依存と親密性

共依存は，ほとんどの場合において否定的な依存が内在する現象として紹介されており，共依存関係は，良好な関係性である「親密性」と対置されて説明されることが多い。共依存関連の書籍において，共依存関係は親密性を装っている「偽の親密性」であると語られ，1980年代末以降，両者を比較するような議論が活発になされるようになった。

たとえば，斎藤学は，共依存にはあって親密性にはないものとして，①自己と他者の感情を区別

注1）ただし，DSM-5の計画段階では，精神医学において初めて関係性の病理を診断の対象とする診断名である「関係障害」の登録が検討されていた（Kupfer et al., 2002）。
注2）カップル・セラピー，カップル・カウンセリング，カップルカウンセリングなど複数の表記が存在するが，本稿では「カップルセラピー」という表記に統一する。

表　親密性と嗜癖的（共依存）関係（Hayes, 1989, p.146）

親密性	共依存関係
自己の発達が最優先される。	「誰か愛する人」を得たいという想いに取りつかれている。
長期間の安心を求める。関係性を一歩一歩，発展させていく。	性急に満足感を求めていく。
選択の自由。	相手にセックスやコミットメントを強いていく。
関係性における権力の均衡と相互性。	権力を支配のために用いる。
相手があなたに対して抱く欲求や感情，認識を共有し合う。	物事がうまくいかないと「話すな」というルールが適応される。
素直さ。	ごまかし。
適切な信頼。	信頼感の欠如。
互いに相手の個性を受け入れていく。	自分の欲求を満たすために，パートナーを変えようとする。
関係性が現実のすべての側面に対処していく。	関係性が，思い違いや不愉快さを回避したい気持ちにもとづいている。
関係性が絶えず変わっていく。	関係性がいつも同じ。
愛するがゆえの脱愛着。	一体化（互いに相手の抱える問題や感情に取りつかれていく）。
セックスは，友愛的感情やケアする気持ちから行う。	恐れと情熱の混同。
協力し合って問題解決を行う。	問題があると，自分やパートナーを咎める。
快適な気分と満足感の循環。	痛みと絶望の繰り返し。

できない，②不誠実，③支配の幻想，④自己責任の放棄ないし他者からの非難への恐れ，⑤自尊心の欠如という５つの属性をあげつつ，親密性は「不安と支配欲から離脱した関係」であり，「流動的なプロセス（過程）であって，共依存のように恒常性を持った状態」（斎藤，2004，p.60）ではないと述べる。また，共依存関連の書籍では，上の表のように，よい関係性である親密性と，悪い関係性である共依存が完全に分断された二分法で記されることもしばしば見られる。つまり，共依存関係という悪い関係性から，親密性というよい関係性へと移行することが回復の印であり，かつ達成目標とされているということである。

　共依存と親密性の両関係を論じたもっとも著名な人物は，社会学者のAnthony Giddensであろう。Giddensは，『親密性の変容』（1992）において，伝統的な様式や習慣が重要性を失った後期近代以降，自己は無限定に開かれた選択肢のなかから自己のあり方を繰り返し選択すること，つまり，再帰的であることを社会から要請されていると指摘

している。Giddensによれば，再帰的な自己であり続けることに疲れた個人は，逆再帰性を形成することで再帰性の要請を拒否しようとすることがあるが，その逆再帰性のあり方のひとつが共依存である。

　Giddensは，共依存者を「自らの存在論的安心を維持するために，自己の欲求を定義してくれる人を，一人ないし複数必要としている人間」，共依存関係を「同じような類の衝動強迫性に活動が支配されている相手と，心理的に強く結びついている間柄」（Giddens, 1992, p.89）と定義している。このような病理的な共依存関係から回復し，「相手に夢中になるのではなく，相手の特質を知り，それを自分自身の特質に活かしていく」（ibid., p.94），「対等な人間同士による人格的絆の交流」（ibid., p.3）からなる親密性を築くことが求められているとしている。

　また，Giddensは，共依存関連の書籍に記載されている共依存的な関係と親密性の二分法的特徴を紹介したうえで，共依存を親密性への通過点と

して位置づけている。Giddens が親密性を「揺る
ぎない自己アイデンティティを形成している個人
のあいだでのみ可能である」(Giddens, 1991, p.95)
関係性だと考えていることからも，Giddens の見
解は，「共依存関係は親密性へと成長を遂げるべ
きという思想を前提としたもの」(小西，2017，
p.240) であり，ひいては，「人間関係の形成にお
いて『あるべき関係性』を要請」(同前，p.251)
するものであることがわかる。一連の共依存言説
は，そのような Giddens の見解と相性がよいと
みてよいだろう。

IV　カップルセラピーと親密性規範

1　セラピストの価値観

　Martin Payne は，カップルセラピーにおける
重大な危惧のひとつとして，カップル関係に関す
るセラピストの価値観とクライエントカップルの
価値観が相容れない状況をあげている。個別セラ
ピーも含み，セラピスト自身の価値観はよくも悪
くもセラピー自体に影響を与える。そのため，あ
らゆるセラピストが「自分自身が有する当然とさ
れる信念や価値観に気づき，それがどのように形
成されてきたかを，自覚するように努め」る必要
があり，セラピーでは「人々が異なる文化におい
て，異なる『当然とされる真実』を信じている
可能性もあることを念頭に置くべき」(ペイン，
2022，p.43) であるということだ。

　カップルカウンセリングに特段に影響を与えて
くる価値観の相違として想定されるのは，現代社
会の主流文化圏におけるカップル関係の諸規範に
関わるものだろう。たとえば，異性愛カップルが
規範的であり同性愛カップルは異端とする異性愛
主義や，事実婚カップルや子どもをもたないカッ
プルに対してそのあり方にこそ不和の原因がある
のではないかと想像させうる婚姻カップルおよび
子持ちカップル主義が考えられる。グループセッ
クス，パートナー交換，SM など，通常ではない
とされる性的行動をカップルが実践していたり，
カップルのあいだに大きな年齢差があったりする

場合，セラピストの価値観によってはそのカップ
ル自体に嫌悪感を覚えることも想定される（同
前）。

　このような状況を生み出しかねないカップル関
係をめぐる諸規範や思い込みをカップルセラピー
に持ち込まないよう，野末の述べるように，「セ
ラピストはふだんから自分自身のカップル関係に
対する価値観や感情的な反応の傾向を理解してお
き，セッション中の自己の感情体験への気づきを
怠らない姿勢が求められる」(野末，2021，p.703)
のである。

2　よい関係性の規範を超えて

　カップルセラピストであり，元共依存関係に
あったと自己認識している Hendricks 夫妻は，
共著『コンシャス・ラブ』において，共依存関係
はそこから逃れることが困難になるしばりあい
の関係であると警鐘を鳴らしている (Hendricks,
1990, p.7)。そして，無意識的な愛からなる共依
存関係と，意識的な愛からなる「共コミット関係」
を対置させることで，いかに前者から後者に移行
すべきかが示されている。ここで提示されている
共コミット関係にもそのよさはあるが，このよう
な二分法的で一方のみを是とする見解は，否定さ
れる側の関係性のあらゆる要素を否定する論を導
きかねない。そうなるとセラピーは，クライエン
トが求めている苦痛の除去ではなく，「あるべき
関係性」の構築にこそ軸足を置いた道徳的裁定か
らなるようなものになるかもしれない。そもそも
二分法的なものの片方に常に固定しうるような関
係性が可能なのだろうか。人びとの関係性は（ど
ちらかに偏りがある場合でも）両者のあいだを揺
れ動くようなものであるとは言えないか。

　ほとんどの場合，否定的な評価を付与されてい
る共依存という現象ではあるが，その概念が日本
に輸入されたことで，アメリカでは見られなかっ
た現象，すなわち，共依存という言葉が肯定的な
文脈で用いられる現象が生じた。たとえば，お互
いに思いやりをもったうえで，この人と共に生き

ていきたいと思えるような人との「素敵な共依存」ならば，依存してもいいのではないかという考え（河野，2006，pp.179-181）や，大事な家族が苦しんでいる姿を見て，それを助けたいと思うことはむしろ当然の気持ちや行動であり，共依存を病気と考える必要はないという主張（稲村，2016，pp.18-19）は，共依存的なもののなかに肯定的なものが見いだされうることを示唆している。

　現代日本においても，親密性のような関係性が理想的であり，依存的な関係性は改善を試みられるべきという価値観が浸透しているように思われる。共依存に対する肯定的な語りが確認されたとしても，それがマイナーなものであることには変わりない。このようなマイナーな語りと，それでもその関係性が苦しいのだと訴える声とが重なる場所に求められるのは，その関係性を裁定してあるべき関係性への移行を促すような仕方ではなく，カップルが大切にしようとしているものを守りながら，そこにある苦痛の除去に焦点を当てるようなセラピーなのではないだろうか。カップルセラピーが，親密性に見られるような規範を当然視することなく，以上のような視点で行われるとき，本稿で焦点を当てた意味での共依存関係にあるカップルが抱えるニーズに応答する場所が形成されるように思われるのである。

▶付記

　本研究は，JSPS 科学研究費 JP23K00009 の助成を受けたものである。

▶文献

Giddens A（1991）Modernity and Self-Identity : Self and Society in the Late Modern Age. Polity Press.（秋吉美都，安藤太郎，筒井淳也 訳（2005）モダニティと自己アイデンティティ─後期近代における自己と社会．ハーベスト社）

Giddens A（1992）The Transformation of Intimacy : Sexuality, Love and Eroticism in Modern Societies. Polity Press.（松尾精文，松川昭子 訳（1995）親密性の変容─近代社会におけるセクシュアリティ，愛情，エロティシズム．而立書房）。

Hayes J（1989）Smart Love : A Codependence Recovery Program Based on Relationship Addiction Support Groups. Jeremy P Tarcher.

Hendricks G & Hendricks K（1990）Conscious Loving : The Journey to Co-commitment. Bantam Books.（片山陽子 訳（1993）コンシャス・ラブ─二人の愛を育てる本．春秋社）

五十嵐登美子，吉田弥生，棟形均，楡木満生（2001）カップル間暴力から立ち直った事例．産業カウンセリング研究 4-1/4-2；9-16.

稲村厚（2016）ギャンブル依存と生きる─家族，支援者と生きづらさを乗り越えるために．彩流社.

河野貴代美（2006）わたしって共依存？．日本放送出版協会.

小西真理子（2017）共依存の倫理─必要とされることを渇望する人びと．晃洋書房.

Kupfer DJ, First MB & Regier DA（2002）A Research Agenda for DSM-V. American Psychiatric Association.（黒木俊秀，松尾信一郎，中井久夫 訳（2008）DSM-V 研究行動計画．みすず書房）

三田村仰（2021）カップルセラピーってなに？（連載：カップルセラピーは夫婦を危機から救えるか（第2回））．こころの科学 219；129-135.

中村伸一（2016）夫婦・カップルカウンセリングの私の臨床経験．家族療法研究 33-2；87-92.

野末武義（2016）カップル・セラピーのメリットと難しさ─個人療法との比較と夫への関わりを中心に．家族療法研究 33-2；84-87.

野末武義（2021）カップル・セラピーの事例．精神療法 47-6；698-703.

マーティン・ペイン［国重浩一，バーナード紫 訳］（2022）カップルカウンセリング入門．北大路書房.

斎藤学（2004）「自分のために生きていける」ということ─寂しくて，退屈な人たちへ．大和書房.

渋沢田鶴子（2016）米国におけるカップルセラピーの現状と教育訓練および社会・文化的コンテキスト．家族療法研究 33-2；92-97.

[特集] カップルセラピーをはじめる！──もしカップルがあなたのもとを訪れたら？

カップルとアタッチメント

古村健太郎 Kentaro Komura

弘前大学人文社会科学部

I　はじめに

Bowlby（1969/1982）によって乳幼児と養育者の関係性の理論として提唱されたアタッチメント理論が，Hazan & Shaver（1987）によって成人の恋愛関係へと拡張されたことをきっかけに，カップル（恋愛関係や夫婦関係）をアタッチメント理論から理解しようとする社会心理学やパーソナリティ心理学の研究が急増した。研究が広がる一方で，アタッチメントという名の下に，異なる概念を扱っている研究が散見されることも，また事実である。このような状況を踏まえ，本稿では，はじめに成人のアタッチメントに関する理論的説明（Gillath et al., 2016 ; Mikulincer & Shaver, 2016）をした後，カップルの日常的な相互作用が不安定なアタッチメントを変容させる可能性を議論する。

なお，アタッチメント理論に関わる用語は，領域や立場によって異なる使われ方をすることがある（Verhage et al., 2023）。本稿が社会心理学領域の立場から議論されることには留意してほしい。

II　アタッチメントについて

1　アタッチメントとは何か

アタッチメントは，特定の人物との「情緒的な絆」である。しかし，アタッチメントの本質的な特徴を踏まえれば，Bowlby（1969/1982）の当初の主張に沿い，アタッチメントを「恐れや不安が強くなったときに，特定の他者への身体的あるいは表象的な近接によって主観的な安全感（felt security）を得ようとする傾向」と定義するのがより良いであろう（例：遠藤，2022）。すなわち，アタッチメントとは，特定の誰かにくっつく（attach）ことによって安全感を得ようとすることを意味する。この際，アタッチメント行動を向けられる人物はアタッチメント対象と呼ばれる。

2　アタッチメント行動システム

アタッチメント対象に近接して安全感を得る過程は，アタッチメント行動システムが司る（Bowlby, 1969/1982）。アタッチメント行動システムは，大きく3つの段階から構成される（Mikulincer & Shaver, 2016）。

第1段階では，ある個人が不安，恐怖，苦痛，脅威を感じることで，アタッチメント行動システ

ムが活性化される。

　第2段階では，安全感を得るための一次方略として，アタッチメント対象への身体的あるいは表象的近接が図られる。アタッチメント対象が利用可能であったり，応答的な反応が得られたりした場合，主観的な安全感が得られ，アタッチメント行動システムは沈静化する。もしも安全感が得られなかった場合，第3段階に進むことになる。

　第3段階では，安全感を得るために過活性化方略もしくは不活性化方略を二次方略として実行する。これらの方略は，文字通りアタッチメント行動システムを過活性化ないし不活性化する方略である。例えば，過活性化方略は，アタッチメント対象が利用可能である場合に実行される方略である。脅威を過度に警戒し，情動反応やアタッチメント対象から安全感を引き出そうとする行動を最大化し，アタッチメント対象からの反応を引き出そうとする。一方，不活性化方略は，アタッチメント対象が利用可能でない場合に実行される方略である。脅威から距離をおき，情動表出やアタッチメント対象への働きかけを最小化し，脅威を脅威として感じないことで主観的な安全感が得られるようにする（図1）。

3　作業モデル

　アタッチメント行動システムは，乳幼児期からさまざまなアタッチメント対象に対して繰り返し用いられる。その過程はパターン化され，アタッチメントの個人差（アタッチメント・スタイル）を生み出す。さらに，それは徐々に内在化され，内的な作業モデルを作り上げていく。例えば，苦痛や脅威を感じたときに特定の人物に近接を図り，十分な慰めや応答をしてもらえることが多かった場合，「自分は愛されたり，世話（ケア）をされたりする価値がある」という自己についての肯定的な信念や，「他者は頼り，信頼できる」という他者についての肯定的な作業モデルが形成される。一方，過活性化方略が実行されやすいと「自分は愛されたり，世話（ケア）をされたりする価値がな

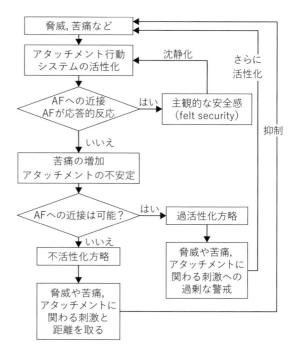

図1　アタッチメント行動システムの概略
（注：Mikulincer & Shaver（2016）や Gillath et al.（2016）を参考に筆者が作成した。AF はアタッチメント対象を意味する）

い」という自己についての否定的な作業モデルが形成され，不活性化方略が実行されやすいと「他者は頼ったり，信頼したりできない」という他者についての否定的な作業モデルが形成される。これらの作業モデルについて，自己についての否定的な作業モデルはアタッチメント不安の高さ，他者についての否定的な作業モデルはアタッチメント回避の高さとして概念化される（Bartholomew & Horowitz, 1991 ; Brennan et al., 1998）。

　以上をまとめると，アタッチメント不安の高さは，自己についての否定的な信念を反映するものであり，同時に，アタッチメント行動システムにおける過活性化方略の実行可能性の高さと関連する。一方，アタッチメント回避の高さは，他者についての否定的信念を反映するものであり，同時に，アタッチメント行動システムにおける不活性化方略の実行可能性の高さと関連する。

　社会心理学領域では，アタッチメント不安やア

タッチメント回避といったアタッチメント・スタイルや作業モデルが中核的な概念とされており，どちらも低い場合を安定したアタッチメントとしている。また，アタッチメント不安やアタッチメント回避の一方もしくは双方が高い場合を不安定なアタッチメントとしている。

なお，アタッチメント不安やアタッチメント回避は，特定の人物（例えば，母，父，友人Aさんなど），特定の関係性（例えば，家族，恋愛関係，友人など），抽象化された一般的な人々に対して，相互に影響しながら，それぞれ独立に作り上げられる（Collins & Read, 1994）。そのため，例えば，母親との関係で作られたアタッチメント・スタイルが不安定であっても，必ずしも他の人物との関係が不安定になるわけではない。

III　カップルとアタッチメント

ここまで成人のアタッチメントについて，理論的な説明を行ってきた。それを踏まえ，カップルとアタッチメントの関連について議論する（レビューとして，Mikulincer & Shaver, 2016 ; Overall et al., 2022）。

1　アタッチメント・スタイルと関係性

安定したアタッチメント（アタッチメント不安やアタッチメント回避の低さ）は，関係満足度や関係継続意志の高さなど関係の良さを導く。さらには，個人の幸福感や心身の健康とも結びつく。

その一方，アタッチメント不安の高さやアタッチメント回避の高さは，関係性の悪さと結びつく。しかし，アタッチメント不安とアタッチメント回避とでは，関係を悪化させる過程が異なっている。

まず，アタッチメント不安の高い人は，自己についての否定的な信念を持つため，パートナーから拒絶される恐れや見捨てられ不安を抱きやすい。また，過活性化方略と関連するため，安全感を得るために過剰な反応をしてしまう。例えば，パートナーからの安心や受容を執拗に何度も要求してしまいやすい。また，パートナーとの対立時にパート

ナーに怒りや攻撃を向けやすい。これらの結果として，自身の関係満足度が低くなるだけではなく，パートナーの関係満足度や関係継続意思を低下させ，かえって拒絶可能性を高めてしまいやすい。

一方，アタッチメント回避の高い人は，他者についての否定的な信念を持つため，パートナーとの親密さを抑制し，心理的独立を確保しようとする。また，不活性化方略と関連するため，安全感を得るために感情を抑制しやすい。例えば，苦痛や恐れを経験した場合，それらの感情を抑制したり，パートナーからのサポート提供に不快感を感じて拒絶したりすることがある。また，パートナーとの対立時には，パートナーの敵意を過剰に推測し，それに怒りを感じたり，対立そのものを避けようとしたりする。その結果，自身の関係満足度や関係継続意思は低くなりやすく，ひいては浮気をする可能性が高くなることもある。

2　作業モデルの変容可能性

不安定なアタッチメント（アタッチメント不安やアタッチメント回避の高さ）を有する人は，不幸な関係を築き，それを維持することしかできないのであろうか。また，不安定なアタッチメントを改善する余地はないのであろうか。

これらの疑問について，アタッチメントセキュリティ強化モデル（Attachment Security Enhancement Model : ASEM）（Arriaga et al., 2018)は一つの答えを提供してくれる。ASEMは，カップルの日常的な相互作用が，いかにアタッチメントの不安定さによる悪影響を緩衝し，いかにアタッチメントを安定させるかをモデル化したものである（図2）。

ASEMは大きく2つの過程から構成される。第1の過程は，不安定なアタッチメントによる悪影響が緩衝される過程である（図2の不安定の緩衝）。この過程では，アタッチメント不安とアタッチメント回避とで，パートナーからの有効な対応が異なることが明らかにされている。例えば，アタッチメント不安の高い人は，他者から拒絶さ

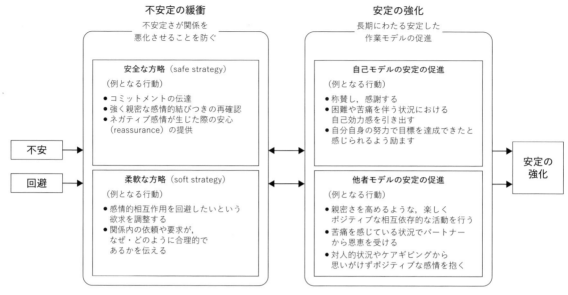

図2　アタッチメントセキュリティ強化モデルにおける2つの過程
（注：Arriaga et al.（2018）を参考に筆者が作成した）

れる可能性に強い脅威や不安を感じ，脅迫的に
パートナーとの結びつきを求めてしまう。そのた
め，パートナーが，コミットメントを明確に伝達
したり，情緒的な結びつきを再確認したりする安
全な方略（safe strategy）を実行することによっ
て，悪影響を緩衝できる可能性がある。一方，ア
タッチメント回避が高い人は，他者との関係性を
求められ，自分の心理的独立性が脅かされる状況
に不快感を抱き，他者と一定の距離を置こうとす
る。そのため，パートナーが，感情的な相互作用
を弱めたり，独立性を保つことを支援したり，関
係内での要求を合理的に説明したりする柔軟な方
略（soft strategy）によって，悪影響を緩衝でき
る可能性がある。

　ただし，これらの方略は，あくまで不安定なア
タッチメントの悪影響を緩衝するものである。不
安定なアタッチメントを安定したアタッチメント
へと変容させるには，異なる過程が必要となる。

　ASEMの第2の過程は，今まで十分に明らかに
されてこなかった，パートナーとの相互作用を介
し，安定したアタッチメントが強化される過程で
ある（図2の安定の強化）。この過程では，脅威や

苦痛を感じていない状況において，パートナーが
適切にサポートすることによって，アタッチメン
ト不安やアタッチメント回避の根底にある作業モ
デルが変容していくことが想定されている。

　アタッチメント不安の高さは，自己に対する否
定的信念を反映したものである。そのため，脅威や
苦痛を感じていない状況で自律性や自己効力感を
感じられるようなサポートをパートナーから提供
されることが，アタッチメント不安を低下させる
うえで有効である。例えば，アタッチメント不安
の高い人が何らかの重要な目標を達成しようとし
ているときに，称賛や励ましを与え，目標が達成
された場合には自分の努力の結果と帰属できるよ
うに促すことが有効と考えられる。実際，Arriaga
et al.（2014）では，パートナーが自分の目標達成
を励ましてくれていると認知することが，1年後
にアタッチメント不安を低下させていた。

　一方，アタッチメント回避の高さは，他者に対
する否定的信念を反映したものである。そのた
め，脅威や苦痛を感じていない状況で他者との
相互作用や他者への依存に心地よさや恩恵を感じ
られるようなサポートをパートナーから提供され

ることが，アタッチメント回避の低下に有効である。例えば，二者で覚醒度を高めるような楽しい経験をすることや，パートナーのサポートから思わぬ恩恵を受けることが有効と考えられる。実際，Arriaga et al.（2014）では，パートナーから信頼されていると認知することが，1年後にアタッチメント回避を低下させていた。また，Bayraktaroglu et al.（2023）では，日常的にパートナーとポジティブな経験をすることが，アタッチメント回避を低下させていた。

　以上のように，ASEM は，パートナーからのサポートによって提供される安全感がアタッチメントの不安定さによる悪影響を緩衝し，その安全感に支えられながらアタッチメントがより安定したものへと変容していく過程を明らかにしている。カップルが互いに主観的な安全の源となることが，安定したアタッチメントを作り上げていくうえで重要であることは明らかである。

Ⅳ　おわりに

　本稿で紹介してきたように，アタッチメントは，複雑な概念である。しかし，その中核にあるものは，「くっついて安全感を得る」ことであり，「その経験がパターン化，内在化されていく」ことであろう。そのことを踏まえれば，安定した，あるいは，良好な関係性のカップルは，辛いときに身体的あるいは心理的にくっつくことで安全をもたらすような関係であり，その存在が内在化されているような関係と言えるであろう。このような観点でカップルを捉えることは，カップルのダイナミックな相互作用を捉えることにもつながるであろう。

　その一方，安全感を得ようとした結果，あるいは，安全感が得られないために，社会的に望ましくない相互作用が生じることもある（例えば，DV，ストーキング，浮気など）。紙幅の都合上，本稿では触れられなかったが，これらの相互作用について，アタッチメント理論の観点から捉えることで得られる示唆も大きいであろう。

▶文献

Arriaga XB, Kumashiro M, Finkel EJ et al. (2014) Filling the void : Bolstering attachment security in committed relationships. Social Psychology and Personality Science 5 ; 398-406.

Arriaga XB, Kumashiro M, Simpson JA et al. (2018) Revising working models across time : Relationship situations that enhance attachment security. Personality and Social Psychology Review 22-1 ; 71-96.

Bartholomew K & Horowitz LM (1991) Attachment styles among young adults : A test of a four-category model. Journal of Personality and Social Psychology 61 ; 226-244.

Bayraktaroglu D, Gunaydin G, Selcuk E et al. (2023) The role of positive relationship events in romantic attachment avoidance. Journal of Personality and Social Psychology 124-5 ; 958-970.

Bowlby J (1969/1982) Attachment and Loss. Vol.1. : Attachment. Basic Books.

Brennan KA, Clark CL & Shaver PR (1998) Self-report measurement of adult attachment : An integrative overview. In : JA Simpson & WS Rholes (Eds) Attachment Theory and Close Relationships. The Guilford Press, pp.46-76.

Collins NL & Read SJ (1994) Cognitive representations of attachment : The structure and function of working models. In : K Bartholomew & D Perlman (Eds) Advances in Personal Relationships. Vol.5 : Attachment Processes in Adulthood. Cambridge University Press, pp.53-90.

遠藤利彦 (2022) アタッチメント理論の中核なるもの. In：遠藤利彦 編：入門アタッチメント理論. 日本評論社, pp.9-22.

Gillath O, Karantzas GC & Fraley RC (2016) Adult Attachment : A Concise Introduction to Theory and Research. Academic Press.

Hazan C & Shaver P (1987) Romantic love conceptualized as an attachment process. Journal of Personality and Social Psychology 52 ; 511-524.

Mikulincer M (2023) Attachment Theory Expanded : Security Dynamics in Individuals, Dyads, Groups, and Societies. The Guilford Press.

Mikulincer M & Shaver PR (2016) Attachment in Adulthood. 2nd Edition : Structure, Dynamics, and Change. The Guilford Press.

Overall NC, Pietromonaco PR & Simpson JA (2022) Buffering and spillover of adult attachment insecurity in couple and family relationships. Nature Reviews Psychology 1 ; 101-111.

Verhage ML, Tharner A, Duschinsky R et al. (2023) Editorial perspective : On the need for clarity about attachment terminology. Journal of Child Psychology and Psychiatry 64-5 ; 839-843.

カップルと親密性

親密性を育むうえでの 3 つのヒント

谷 千聖 Chisato Tani

立命館大学大学院

I　はじめに

パートナーとの親密な結びつきは，ウェルビーイングに重要な影響をもたらす要因のひとつである。たとえば，パートナーと親密なカップル関係を築いているほど抑うつ気分や不安が低く，生活への満足度が高いとされる（Prager & Buhrmester, 1998）。さらには，親密なパートナーの手を握っていると，電気ショックを流されたときの痛みに関連する神経系の活性化が抑えられることも報告されており（Coan et al., 2006），カップル・夫婦において十分に確立された絆は心身のストレスを緩和するほどの強力なパワーを持っている。

反対に，パートナー間での親密性の欠如や喪失はさまざまな苦痛の種となり得る。カップル内での不和は不安障害や気分障害，物質依存障害などの精神疾患との関連を持つことが報告されており（Whisman, 2007），子どもがいる場合，カップル・夫婦間での葛藤は子どもの適応に悪影響を及ぼす可能性が示されている（たとえば，川島ほか（2008））。したがって，いかにしてパートナーとの親密性を構築・維持できるかは生活の多方面に影響を及ぼす重要なテーマであると考えられる。

カップル・夫婦における親密性は無条件に生じるわけではなく，また，一度築かれると永久に維持されるような頑丈なものでもない。むしろ親密性とは，パートナーとのコミュニケーション（相互作用）を通して高まったり低まったりしながら日々揺れ動くものであるといえる。本稿では，親密性を生み出す相互作用のプロセスを示した「対人プロセスモデル（Interpersonal Process Model : IPM）」を足掛かりとして，パートナーとの親密性を育むうえでの 3 つのヒントについて検討したい。

II　対人プロセスモデル

1　対人プロセスモデルとは何か

IPM とは，社会心理学者である Reis によって提唱された，「二者間の相互作用を通じてどのように親密性が生み出されるか」を説明するモデルである（Reis & Shaver, 1988 ; Reis, 2017）（図）。IPM は親密性に関するさまざまな研究知見を統合して作られた包括的かつ学際的なモデルであり，複数の研究においてその妥当性が実証的に確認されている（e.g., Laurenceau et al., 1998）。

IPM では，パートナー間の親密性は，話し手の「自己開示・表現」と聞き手の「応答性」とい

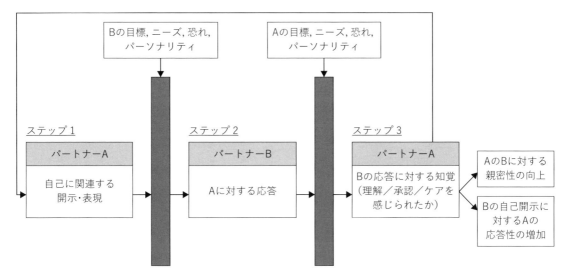

図　IPM の概要（Reis & Shaver（1988），Reis（2017）を参考に筆者が作成）

う相互作用のプロセスを通して生み出されると考
える。以降では話し手をパートナー A，聞き手
をパートナー B として，親密性が生み出される
プロセスについて順を追って説明する。

ステップ 1：パートナー A の自己開示・自己表現

　親密性を生み出す最初のステップは，A が B
に対して，自己に関する何らかの側面を表現する
ことである。ここでの表現には言語的および非言
語的な表現，そして意識的および無意識的な表現
のいずれもが含まれる。たとえば，自分自身につ
いて話すことだけでなく，パートナーに向けて微
笑みかけることや，うつむいて涙を流すなどの非
言語的な表現，パートナーの誕生日に早く帰宅す
るといった行動のすべてが自己表現の中に含まれ
る。

　もちろん，親密性を深めるうえですべての自己
開示・自己表現が同程度に重要というわけではな
い。Reis（2017）によると，親密性を深めるうえ
でとりわけ重要なのは，プライベートな情報や自
分自身の核となる部分（価値観や感情的に敏感な
部分など）を開示すること，もしくは開示する相
手との関係性自体に焦点を当てた内容を伝えるこ
とであるとされる。

ステップ 2：パートナー B からの応答

　親密性を深める相互作用のステップ 2 は，A
の自己開示・自己表現に対する B の応答である。
このときの B の応答においても言語的および非
言語的な応答，そして意識的および無意識的な応
答のいずれもが含まれる。つまり，パートナーか
らの微笑みに対して同じように微笑みを返した
り，泣いているパートナーに駆け寄るといった咄
嗟の行動も，自己開示に対する応答としての機能
を持つということである。

ステップ 3：パートナー A による応答性の知覚

　相互作用プロセスのステップ 3 は，B の応答に
対する A の知覚である。このとき，A が B の応
答について，理解（B が自分を「正しく」理解し
てくれている），承認（B が自分の視点の価値を
認め，尊重してくれている），ケア（B は自分の
幸福に関心を持ってくれている）の要素を満た
すと認識できたとき，A の B に対する親密性が
高まる。こういった理解・承認・ケアの 3 要素
はパートナーの応答性知覚（Perceived Partner
Responsiveness：PPR）として概念化されており，
PPR は親密性を生み出す相互作用プロセスの中
で最も欠かすことができない要素であると考えら

れている（e.g., Laurenceau et al., 1998）。

ここまでのプロセスについて例を挙げて説明すると，たとえば，AがBに対して仕事での失敗を打ち明けたとする（ステップ1）。そのときBが否定せずに話を聞いてくれて，B自身の失敗体験も同じように話してくれたことで（ステップ2），AがBに「わかってもらえた」と実感できたとき（ステップ3），AのBに対する親密性が高まる。

こういった一連の相互作用が生じた後，AはBに対して将来的にますます自分を表現していくことができるだろう。さらにBが自己開示したとき，それに対してAが応答的に反応する可能性も増加すると推測される。反対に，AがBにわかってもらえなかったと感じたときはAのBに対する自己開示・自己表現は減少し，AがBに対して応答的に反応する可能性も低まっていくと予想される。

2　プロセス全体への影響——目標・ニーズ・恐れ・パーソナリティ

IPMで示された相互作用プロセス全体に影響を及ぼすのは，AやBの目標・ニーズ・恐れ・パーソナリティといった個人差の要因である。個人差の要因はAおよびBの振る舞い方，および相手の行動に対する認識の仕方に影響を及ぼす。たとえば，Aが他者と感情を共有したいというニーズを持っていた場合はより感情豊かな方法で自己開示をするだろうし，もしAが他者と親密になることに恐れを抱いていれば，その自己表現は控え目な方法でなされると想定される。Bにおいても，BがAと仲良くなりたいという目標を持っていればその応答はよりサポーティブなものになる一方，Aとは距離を置きたいと思っていればより淡泊な方法で応答することになるだろう。

III　パートナーとの親密性を育むための3つのヒント

本稿の後半では，IPMの視点を活用し，パートナーとの親密性を育むうえでのヒントについて検討したい。

1　響くポイントを見つけ合う

IPMにおいて最も重要とされる要素は，PPR（パートナーの応答性知覚）である。つまり，カップルでの相互作用を通してパートナーの双方が「わかってもらえた」と感じられる瞬間を増やしていけるかどうかが，親密性を高めるうえでの鍵となる。

こういった点を踏まえると，親密な絆を育むために重要なのは，パートナーに対して特定のコミュニケーション技法をマニュアル的に用いることではなく，目の前のパートナーにとって「応答的であると受け取られる」ポイントをパートナーとのやり取りの中から探し出し，パートナーやその時々の状況に合わせて絶えずコミュニケーション方法を調整していこうとする姿勢であろう。

また，パートナーとの相互作用を通じて「わかってもらえた」と感じられた際には，そのとき生じた嬉しさや感謝を素直に表現することも大切になる。そうすることで，感謝を伝えられた側のパートナーの親密性も上昇し，将来的な応答性をさらに増加させることができるだろう（Kanter et al., 2020）。

2　すれ違いを乗り越える

カップル内において，IPMで示されている相互作用を常に起こし続けることは不可能である。パートナーと長い年月を共に過ごしていく過程において，時には，パートナーからの自己開示に応えることができなかったり，パートナーに応えてもらえなかったりすることは避けられない。こういった「気持ちのすれ違い」（三田村・谷，2023）はすべてのカップルに起こり得るものであり，親密性を高めるためには，その時々ですれ違いをうまく解消していくことが重要になる。

すれ違いの解消方法はカップルによってさまざまであり，たとえば，パートナーと旅行に行って

楽しさを共有した体験がすれ違いの解消をもたらしたり，時間経過により事態が回復したことですれ違いが気にならなくなるといったケースが示されている。また，すれ違いが起こった後に，パートナーに対して気持ちに応えてもらえなくて傷ついたことを勇気を出して打ち明け，それに対してパートナーが謝ってくれたり，理解を示してくれたりしたことで傷つきが癒され，すれ違いが解消に向かうといったプロセスもみられる（谷ほか，2023）。このようにすれ違いの解消を目指してカップルで向き合うプロセスは，まさに IPM で示されているような親密性を高める相互作用そのものである。

3　リスクを負って手を伸ばす

　IPM では，個人的で自分の核となるような事柄，およびパートナーとの関係性にまつわる出来事などを開示してそれがパートナーから受け止めてもらえたとき，とりわけ親密性が高まると考えられている。しかしこういった事柄を開示する際には，パートナーに受けとめてもらえないことで心理的に傷つくリスクが必然的に伴う（Kanter et al., 2020）。こういったリスクを感じることはパートナーに対する自己開示を抑制し，親密性を育むうえでの障壁となり得るだろう。

　したがって，パートナーとの親密さを高めるためには，心理的に傷つくリスクを負いながらもパートナーにわかってほしい気持ちを伝えることへと一歩踏み出す必要がある。一歩踏み出すためには，パートナーとどういった関係性を築いていきたいかという価値（Harris, 2009）を明確にすることなどが有用かもしれない。

　また，パートナーから気持ちに応えてもらえた体験が積み重なり，パートナーならきっと受け止めてくれるだろうという信頼が生まれると，思い切った自己開示にも踏み出しやすくなる。よって，いざというときにリスクを負ってパートナーに手を伸ばそうと思えるように，日頃からカップル内で小さな気持ちのシグナルに応え合い（Gottman

& DeClaire, 2001），土台としての信頼感を育んでいくことも大切であろう。

IV　おわりに

　本稿では IPM を取り上げ，親密性を生み出す相互作用プロセスを概説した。そして IPM から示唆される親密性を育むうえでの3つのヒントとして，「響くポイントを見つけ合う」「すれ違いを乗り越える」「リスクを負って手を伸ばす」を取り上げた。

　カップル内で親密性を育むプロセスにおいては，パートナーから拒否されるリスクを感じて怖くなったり，実際にパートナーとすれ違い，傷ついてしまったりすることは避けられない。パートナーのそれぞれがお互いのリスクや傷つきを思いやりつつ相互作用し続けることで親密性は育まれ，維持されていくだろう。

▶文献

Coan JA, Schaefer HS & Davidson RJ (2006) Lending a hand : Social regulation of the neural response to threat. Psychological Science 17-12 ; 1032-1039.

Gottman JM & DeClaire J (2001) The Relationship Cure : A Five-Step Guide for Building Better Connections with Family, Friends, and Lovers. New York : Crown Publishers（伊藤和子 訳（2004）「感情シグナル」がわかる心理学―人間関係の悩みを解決する5つのステップ．ダイヤモンド社）

Harris R (2009) Act with Love : Stop Struggling, Reconcile Differences, and Strengthen Your Relationship with Acceptance and Commitment Therapy. Oakland, CA : New Harbinger Publications.（岩下慶一 訳（2019）相手は変えられない ならば自分が変わればいい―マインドフルネスと心理療法 ACT で開く人間関係．筑摩書房）

Kanter JW, Kuczynski AM, Manbeck KE et al. (2020) An integrative contextual behavioral model of intimate relations. Journal of Contextual Behavioral Science 18 ; 75-91.

川島亜紀子，眞榮城和美，菅原ますみ ほか（2008）両親の夫婦間葛藤に対する青年期の子どもの認知と抑うつとの関連．教育心理学研究 56-3 ; 353-363.

Laurenceau J, Barrett LF & Pietromonaco PR (1998) Intimacy as an interpersonal process : The importance of self-disclosure, partner disclosure, and perceived partner responsiveness in interpersonal exchanges. Journal of Personality and Social Psychology 74-5 ; 1238-1251.

三田村仰，谷千聖（2023）カップルを面接室に迎える─文脈的カップルセラピー（CCT）．臨床心理学 23-6 ; 647-651.

Prager KJ & Buhrmester D（1998）Intimacy and need fulfillment in couple relationships. Journal of Social and Personal Relationships 15-4 ; 435-469.

Reis HT（2017）The interpersonal process model of intimacy : Maintaining intimacy through self-disclosure and responsiveness. In : J Fitzgerald（Ed）Foundations for Couples' Therapy. UK : Routledge, pp.216-225.

Reis HT & Shaver P（1988）Intimacy as an interpersonal process. In : S Duck, DF Hay, SE Hobfoll et al.（Eds）Handbook of Personal Relationships : Theory, Research and Interventions. Chichester, England : Wiley, pp.367-389.

谷千聖, 原田梓, 三田村仰（2023）「弱さを見せること」と「それが受け止められること」─親密なパートナーに弱さをさらけ出せるようになるまでの体験プロセス．対人援助学研究 14 ; 28-43.

Whisman MA（2007）Marital distress and DSM-IV psychiatric disorders in a population-based national survey. Journal of Abnormal Psychology 116-3 ; 638-643.

告知 …… SST 普及協会第 27 回学術集会 in 金沢

テーマ：わかる，伝わる，つながるソーシャルスキル──SST で新しい時代を拓こう

日程：2023 年 12 月 16 日（土）〜 17 日（日）

会場：石川県地場産業振興センター（〒 920-8203 石川県金沢市鞍月 2-1）

参加費：会員 7,000 円（事前登録 6,000 円），非会員 8,000 円（事前登録 7,000 円），当事者 1,000 円，家族・学生 3,000 円／前日講座 5,000 円

プログラム：①大会長講演／②副協会長講演／③パネルディスカッション「これからの SST に望まれるもの──わかる・伝わる・つながる力を高める」／④一般演題（口頭発表・ポスター発表）：30 題（予定）／⑤自主企画：医師層対策委員会／⑥前日講座：認定講師スキルアップ研修／⑦企業セミナー：中島映像教材出版様企画

詳細・参加登録：https://27th-gakkai.jasst.net/

主催：一般社団法人 SST 普及協会

共催：SST 普及協会北陸支部・南関東支部

◉連絡先：SST 普及協会第 27 回学術集会 in 金沢運営事務局（E-mail：27gakkai@jasst.net）

🐟 ［特集］カップルセラピーをはじめる！──もしカップルがあなたのもとを訪れたら？

社会性における認識と実践

現象学とエナクティヴィズムの視点から

宮原克典 Katsunori Miyahara

北海道大学 人間知・脳・AI研究教育センター（CHAIN）

　ひとのことが理解できなくて，あるいは，ひとに理解してもらえなくて，思い悩んだことはあるだろう。だが，そもそもひとがひとを理解するとは，どのようなことなのか。人間にとって，他者は単なる認識の対象ではなく，実践的な相互作用の相手でもある。では，他者を理解することと，他者と実践的に関わることは，どのような関係にあるのだろうか。

　認知科学では，他者との関係をふくむ社会的な経験を可能にするような心の働きを「社会的認知（social cognition）」と呼ぶ。その本性をめぐっては，20世紀の後半から現在に至るまで，認知科学と哲学をまたぐ学際的な領域で活発な論争が展開した。本論では，そこで大きな存在感を示した現象学とエナクティヴィズムの視点を中心にして，この学際的な論争の主要な論点をいくつか紹介し，他者を理解するとはどのようなことであるかを考察する。

Ⅰ　マインドリーディング

　社会的認知の科学の中核をなす概念として「マインドリーディング」というものがある。他者と社会的に相互作用するためには，相手の思考や感情や意図を理解する必要があるように思われる。

しかし，私たちは他者の思考や感情や意図を自分の思考や感情や意図と同じように直接に感じることができない。それにもかかわらず，他者と社会的に相互作用できるのは，私たちが他者の外面的な行動や表情から内面的な心の状態を間接的に推定できるからだと考えることができる。この認知作用が「マインドリーディング」ないし「心の理論」と呼ばれる。

　では，他者の外面から内面を推定するとは，具体的にどのようなプロセスなのだろうか。この問いをめぐって，20世紀後半の認知科学では「理論説」と「シミュレーション説」という二つの立場のあいだで論争が展開した。

　理論説によると，マインドリーディングは一種の理論的な働きである。たとえば，天文学者が観測された光の波長から遠くの星の年齢を推定するように，ひとは他者の行動や表情からその内面的な心の状態を推定する。天文学では星に関する科学理論を用いるのに対して，マインドリーディングでは「素朴心理学（ないし常識的心理学）」が用いられる。素朴心理学とは，人間の心理や行動に関する素朴な理論，すなわち，観察や実験を含む科学的な手続きではなく，日常生活のなかでおのずと習得される心理学的な理論を意味する。

他方で，シミュレーション説では，マインドリーディングとは理論よりも想像力に基づく働きだと考える。他者の行動や表情を目にしたとき，それを想像のなかで自分の身に起きたこととしてシミュレートすることができる。シミュレーション説によると，ひとはこのような「心的シミュレーション」を行うことで，他者の行動や表情がどのような思考や感情や意図によって生じたのかを推定する[注1]。

社会的認知の科学的研究は，理論説とシミュレーションを中心に展開してきた。その一方で，近年では，この二つの立場が共有するマインドリーディングの枠組みそのものに対する批判も行われている。批判の論点は多岐にわたるが，本論では，とくに社会的生活における認識と実践の関係に注目して考察を進めたい。マインドリーディングの概念は，他者と実践的に関係するためにはまず他者の心を認識する必要があるということ，つまり，人間の社会性においては認識が実践の前提をなすことを示唆する。だが以下では，ここでの認識と実践の関係はそれほど単純に整理されるものではないことを見ていきたい。

II　社会性の発達的起源

人は生まれながらにしてマインドリーディングを行うわけではない。発達心理学では，被験者が事実と認識を区別できるかどうかを調べる「誤信念課題」と呼ばれる有名な実験課題がある。それを用いた実験研究によると，幼児は4歳頃までマインドリーディングを十分に行えず，他者が事実誤認を行っているとき，事実とそれに対する認識を混同する傾向にあるという[注2]。

しかし，乳幼児と関係したことのある人であれば誰でも分かるように，人間は4歳になって初めて他者と関わるようになるわけではない。マインドリーディングを習得する以前の乳幼児もきわめて豊かな社会性を有している。この乳幼児の社会性をヒントにして，人間の社会性における認識と実践の関係を考えてみよう。

幼児は早ければ月齢2カ月頃から社会的相互作用を始める（Trevarthen & Aitken, 2001）。そこで行われるのは，母親や父親などの大人を相手に声や表情や仕草をリズミカルに交換し，たがいの関心を惹きつけ，感情を呼び起こすようなやり取りである。これほど発達初期の段階であっても，相互作用はランダムに展開するわけではなく，幼児と大人のあいだでは〈身体的な表出行動（声，表情，仕草）を示すこと〉と〈相手の表出行動に注意を向けること〉のあいだのターンテイキングが生じる。この非言語的・身体的・情動的な相互作用は「原会話（protoconversation）」（Bateson, 1979）と呼ばれる。

原会話を可能にしているのは，もちろんマインドリーディングではなく，自分の感情を表出する能力や他者の表出行動に対して適切なタイミングや適切な行動で応答する能力である。この発達最初期の社会性を支える感覚運動的・情動的な能力は「一次間主観性」（Trevarthen, 1979）と呼ばれる。

発達が進むと，幼児は大人との社会的な相互作用だけでなく，自分の身体や周囲の事物への関心を高める。そして月齢9カ月頃から二つの関心を統合させた新たな形の相互作用が登場する（Trevarthen & Aitken, 2001）。具体的には，初期の相互作用が自己と他者が表出行動を交換するだけの二項的なものであったのに対して，自己と他者が共通の対象に関わり合う三項的な相互作用が始まる。その代表例は，幼児が大人の注意を自分の関心のある対象に向けるために行う指差し行動である。だが，この段階でも幼児はマインドリーディングは行えず，この相互作用は環境に対する注意や行動を他者と連携させるための「二次間主観性」（Trevarthen, 1979）の能力に支えられている。

このように考えると，人間の社会性における認

注1）詳しくは，ギャラガー・ザハヴィ（2011）第9章，田中（2017）第8〜9章などを参照。
注2）より早くから他者の誤信念を理解できる可能性も示唆されている（Baillargeon et al., 2010）。

識と実践の関係は，一般に想定されているのと，まったく逆である可能性が見えてくる。図式的に考えると，他者と社会的に相互作用するためには，まずは相手の思考や意図や感情を認識する必要があると思われるかもしれない。しかし，乳幼児は，他者の心の状態を認識できるようになるずっと前から，情動的・感覚運動的な技能に基づいて高度な社会性を発揮している。つまり，他者との社会的な実践が他者に対する社会的な認識に先立つものであることが分かる。

　しかし，これはあくまで発達の順序の話ではないかと思われるかもしれない。乳幼児は，マインドリーディングができないため，情動的で感覚運動的な身体的技能を用いた社会的相互作用を行う。しかし，大人同士の社会的相互作用においては，やはり他者の心に対する認識が前提となって，はじめて社会的な実践が成り立つのではないか，というわけである。そこで次節では，現象学における議論を手がかりにして，さらに一般的な形で人間の社会性における認識と実践の関係について考えを深めてみよう。

III　間身体性と共同的意味生成

　現象学では，他者が意識を宿すものとして経験されることを「間主観性（intersubjectivity）」と表現する[注3]。他者の身体に出会うと，通常，それは意識の宿ったものとして知覚される。それは一体どうしてなのだろうか。素朴に考えると，私たちがそれを意識を宿したものだと意識のなかで解釈しているからだと思われるかもしれない。しかし，20世紀中盤に活躍したフランスの現象学者 Maurice Merleau-Ponty は，間主観性は純粋な意識の働きの結果ではないことを強調する。

　　他者の身体を知覚するのは，まさしく私の身体なのであり，私の身体は他者の身体のうちに己れ自身の意図の奇跡的な延長のようなもの，つまり世界を扱う馴染みの仕方を見いだすのである。
　　　　　　　（メルロ＝ポンティ，1945/1974, p.218）

　他者の身体に出会うと，他者と情動的・感覚運動的に関係するための身体的技能は否応なく働き始めてしまう。乳幼児期に限らず，いつまでたっても間主観性の根底をなすのは，この身体的な応答性なのである。この身体的なレベルで生じる根源的な社会的関係は「間身体性（intercorporéité）」（メルロ＝ポンティ，1960＝1970, p.24）と呼ばれる。Merleau-Ponty によれば，人間の社会性は，心と心が橋渡しされる間主観性のレベルではなく，身体と身体が否応なしに共鳴する間身体性のレベルに根源をもつ。

　では，他者との間身体的なつながりは，他者に対する認識の形成において，どのような役割を果たすのだろうか。これを見るために，ひとつ具体例を考えてみよう。オンライン会議で電波状態が悪くなり，相手との仕草や会話のやりとりのテンポが悪くなると，どのようなことが起きるだろうか。コミュニケーションに余計に時間がかかるようになるだけだろうか。多くの場合，それだけではなく，そもそも相手の思考や意図や感情がよく理解できなくなる。たとえば，自分の発言に対する相手の反応が悪くても，相手が的外れな意見だと思っているのか，時間をかけて考えているのか，ただ電波の問題で反応が遅いのか，よく分からなくなる。それでつい言葉を足してしまったら相手の返事とタイミングが重なってしまい，ターンテイキングの順番が崩れ，相手がいま何をしようとしているのか，相手の思考がどこを向いているのか，次は相手の発言を待ったほうがいいのか，それとも自分から何かを言ったほうがいいのか，ますます分からなくなる。この事例は，多くの場合，他者を理解するというのは他者との身体的な相互作用の前提をなすものではなく，むしろ，他者との間身体的な相互作用のなかで達成されることを示唆する。

注3）現象学とは，20世紀を代表する哲学の流派であり，一人称的な観点から意識経験を反省的に分析することを重視する。詳しくは田口（2014）やコイファー・チェメロ（2018）などを参照。

現代の現象学者 Shaun Gallagher は，Merleau-Ponty らの現象学の観点をふまえて，社会的認知に関する「相互行為説（interaction theory）」を提唱する（Gallagher, 2020）。マインドリーディングの枠組みでは，社会的な相互作用は理論やシミュレーションを用いて，他者の心の状態を認識することから始まる。それに対して，相互行為説によると，他者を認識するというのは社会的相互作用の根源的なあり方ではない。他者は認識すべき対象であるよりも前に，まずは情動的・感覚運動的に関係が結ばれる相手として現れてくる。私たちは他者をマインドリーディングの対象として認識する場合もないわけではないが，それは従来の社会的認知の理論が想定してきたよりも，ずっと特殊な社会的な関係なのである。

エナクティヴィズムの論者は，社会的認知を「共同的意味生成（participatory sense-making）」（De Jaegher & Di Paolo, 2007）として理解することを提案する。エナクティヴィズムとは，20 世紀の終わりに神経生物学者 Francisco Varela らが打ち出した認知理論である（Varela et al., 1991）。認知科学では，認知を脳というハードウェアで実行される情報処理として理解する「認知主義」の見方が根強いが，エナクティヴィズムはそれに反対して，認知を生物が環境のなかで行う身体的な実践として理解する。

環境との身体的な相互作用を通じて環境に意味を認識するプロセスは「意味生成」と呼ばれる。たとえば，講義で同じ席に何度も座っているうちに，どこかの時点で「これは私の席だ」と自覚的に決めたわけでなくても，その席が「自分の席」だと感じられ，別の人がそこに座っていると「とられた」と思うようになることがある。エナクティヴィズムでは，これは講義を受けるという実践のなかで教室という環境に自分の実践との関係における意味が生じた事例として理解される。

「共同的意味生成」とは，生物が単独で環境の意味を認識するのではなく，他の生物との身体的な相互作用を通じて環境の意味を認識するプロセ

スを意味する。たとえば，講義で友達と仲良くなって，特にそうしようと決めたわけではないけれども，いつも同じあたりに座るようになり，そのあたりが「私たちの席」だと感じられるようになったとする。ここでは，何人かの学生のあいだの身体的な相互作用を通じて，教室という環境に，一緒に講義を受けるという共同的な実践との関係において意味が生じている。

もちろん，これは極端にシンプルな例である。一緒に講義を受けるだけではなく，毎日一緒に出かけたり，寝食を共にしたりするような親密な間柄であったり，あるいは，上司と部下のように権力関係のなかで相互作用せざるをえない間柄であったりすると，主体間の相互作用の歴史を通じて，ずっと複雑に構造化された意味をもった環境が（良くも悪くも）共有されることになる。

共同的意味生成の概念は，一方で，他者とは必ずしも認識の対象ではなく，むしろ，ともに環境を認識する共同的な主体として認知的生活に関与していることを示している。他方で，これは他者を理解するということについても重要な示唆を含む。ひとが誰かをよく理解できているというのは，しばしば環境に多層的に含まれる意味を共有できている状態を意味する。逆に，環境の意味が共有されていないとき，しばしば私たちは他者を理解できない，あるいは，相手は自分を理解していないと感じる。要するに，共同的意味生成の観点からすると，他者を理解するとは，必ずしも相手の隠れた内面を推定することではなく，しばしば環境に対する共通認識を実践的に形成することによって実現する。

Ⅳ　まとめ

ここまで認識と実践の関係という観点から他者を理解することについて考えてきた。マインドリーディングの概念は，人間の社会性においては認識が実践に先立つことを示唆する。しかし，乳幼児の研究は，社会性は情動的で感覚運動的な身体的技能に基づいて成立しうることを示す。さら

に現象学やエナクティヴィズムによると，大人においても他者に対する社会的な認識は，しばしば身体的な相互作用の実践のなかで形成される。

　マインドリーディングの観点からすると，他者をよく理解するためには，人間の心理に関する理論的知識や他者の視点に対する想像力が重要である。それに対して，現象学やエナクティヴィズムの観点は，他者との相互作用の実践が重要だと示唆する。相手の内面を理論や想像で推定することよりも，まずは相手と一緒に時間をすごしたり，一緒に環境の意味を作れるように開かれた態度で相手に接したりすることが大事だということである。

　一方で，オンライン会議の例が示すように，他者との相互作用は環境要因にも左右される。環境条件によっては，いくら努力しても相互理解が実現しないこともありうる。他者を理解するというのは，個人の内部で完結する事象ではなく，ひととひとのあいだで生じる関係的な事象，環境に埋め込まれた身体的で共同的な実践である。それゆえ，他者を理解するためには，個人の認知だけでなく，他者と関係するための身体的技能や相互作用を制約する環境条件なども問題となる。

▶文献

Baillargeon R, Scott RM & He Z (2010) False-belief understanding in infants. Trends in Cognitive Sciences 14-3 ; 110-118.

Bateson MC (1979) The epigenesis of conversational interaction : A personal account of research development. In : M Bullowa (Ed) Before Speech :

The Beginning of Human Communication. Cambridge University Press, pp.63-77.

De Jaegher H & Di Paolo E (2007) Participatory sense-making : An enactive approach to social cognition. Phenomenology and the Cognitive Sciences 6 ; 485-507.

Gallagher S (2020) Action and Interaction. Oxford University Press.

ショーン・ギャラガー，ダン・ザハヴィ［石原孝二，宮原克典，朴崇哲，池田喬 訳］(2011) 現象学的な心―心の哲学と認知科学入門．勁草書房.

ステファン・コイファー，アントニー・チェメロ［田中彰吾，宮原克典 訳］(2018) 現象学入門―新しい心の科学と哲学のために．勁草書房.

Meltzoff AN (1995) Understanding the intentions of others : Re-enactment of intended acts by 18-month-old children. Developmental Psychology 31 ; 838-850.

モーリス・メルロ＝ポンティ［竹内芳郎ほか 訳］(1945=1967, 1974) 知覚の現象学 I・II．みすず書房.

モーリス・メルロ＝ポンティ［竹内芳郎ほか 訳］(1960=1969, 1970) シーニュ I・II．みすず書房.

田口茂 (2014) 現象学という思考―〈自明なもの〉の知へ．筑摩書房.

田中彰吾 (2017) 生きられた〈私〉をもとめて―身体・意識・他者．北大路書房.

Trevarthen C (1979) Communication and cooperation in early infancy : A description of primary intersubjectivity. In M Bullowa (Ed) Before Speech : The Beginning of Human Communication. Cambridge University Press, pp.321-347.

Trevarthen C & Aitken KJ (2001) Infant intersubjectivity : Research, theory, and clinical applications. The Journal of Child Psychology and Psychiatry and Allied Disciplines 42-1 ; 3-48.

Varela F, Thompson E & Rosch E (1991) The Embodied Mind : Cognitive Science and Human Experience. MIT Press.（田中靖夫 訳 (2001) 身体化された心―仏教思想からのエナクティブ・アプローチ．工作舎）

[コラム1] 自閉スペクトラムとカップル
カサンドラ症候群

笠間 歩 Ayumi Kasama

町田市民病院精神科／お茶の水女子大学心理臨床相談センター

I　カサンドラ症候群とは何か？

カサンドラ症候群とは，パートナーに自閉症スペクトラム症（以下，ASD）があり，情緒的な相互関係を築くことが難しいために，心的ストレスから不安障害や心的外傷後ストレス障害（PTSD）などの心身症状が起きている状態を指す概念である。名付け親はユング派の心理療法家 Laurie Layton Schapira で，語源となっている「カサンドラ」は，ギリシア神話のトロイの王女の名前だ。未来予知の能力がありながら，誰にも信じてもらえないという境遇にあった。これを ASD パートナーとの意思疎通の難しさや，周囲に理解されない状態になぞらえたのだという。ASD が一般社会，特にある一定の世代以上には浸透していないことなどから，非 ASD パートナーは，誰かに相談しても「我慢が足りない」，特に非 ASD パートナーが女性である場合，「男性はだいたいそういうものだ」という非難を受け症状が悪化するケースが多いという（Weston, 2011）。カサンドラ症候群は，医学的な診断名ではないものの，現象の本質を理解し，改善に役立つ有用な概念だろう（岡田，2018）。なお，現在では，親子や上司と部下など，より広い人間関係でも使われることが増えてきたが，本稿では特集の主旨に合わせ，カップル関係に限定して話を進めることとする。

II　自閉スペクトラム症（ASD）の特徴

DSM-5（APA, 2014）を参考に，ASD の特徴を示しておこう。①相互的なコミュニケーションや協調して一緒に行動することが苦手，②相手の気持ちに共感したり，言外の意味を想像したりすることが苦手，③同じ行動パターンや狭い興味にとらわれやすく，視点を切り替えることが苦手，④感覚の過敏さや鈍感さがある。

ASD やその傾向があるからといって必ずしもパートナー関係がこじれるわけではない。しかし，情緒的な相互関係形成や，結婚生活——特に子育てなど阿吽の呼吸や臨機応変さが求められる共同作業——では，上記特徴から問題が生じやすいことは想像に難くないだろう。実際，ASD と結婚した非 ASD パートナーのストレスが高く（Peterson & Peterson, 2011），定型発達夫婦と比較して関係満足度が低いという報告がある（甘露寺，2012）。多くの夫婦，パートナー関係が抱える問題の悪循環には，お互いに「相手はこうあるべき／こうであるはず」といった非合理的な思い込みが大きく影響しているが（中釜ほか，2019），

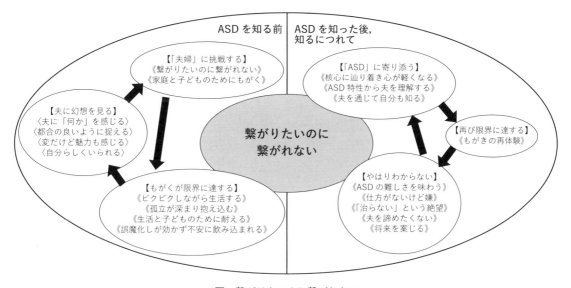

図　繋がりたいのに繋がれない
（【　】＝上位カテゴリー／《　》＝中位カテゴリー／〈　〉＝下位カテゴリー）

ASD という要素が加わることで問題がより複雑化・深刻化しやすいと推察される。

III　ASD の特性がある夫を持つ妻の体験

　ここからは，筆者の修士論文研究「自閉症スペクトラム障害の特性がある夫を持つ妻（以下"妻"）の主観的体験」の結果と共に話を進める。"妻" 7 名のインタビューデータをグラウンデッド・セオリー法により分析した。得られたカテゴリー（図）を使って "妻" の体験を説明する。

　まず，夫の特性を知らずに【夫に幻想を見る】ことで結婚し，【「夫婦」に挑戦する】が，関係が築かれていかないことに疑問や苦しみを感じる。友人や家族，専門家に相談しても理解されず問題を抱え込み，子どもと家庭のために【もがくが限界に達する】。あるとき偶然 ASD のことを知り，心身共に回復に向かう。夫に同情し，自分を労り，【「ASD」に寄り添う】が，一筋縄ではいかず，【再び限界に達する】とともに，夫のことが【やはりわからない】状態が続く。ASD を知る前後，また，実態を知るにつれ混乱や葛藤の質は変化するが，どの時期においても，夫に近づこうと努力し，やはり傷付くという 3 つの体験を循環していること

がわかった。その中心には，「繋がりたいのに繋がれない」という気持ちがあった。

　ASD でも特に知的に高い場合に，学業的職業的には良い結果を出していることや，こだわりやルーティンを好む特性が真面目さや熱心さと判断されて，パートナーや結婚相手として好感を持たれることが少なからずあるという（岡田，2018）。これは，夫の特性を知らずに【夫に幻を見る】ことに合致する。"妻" の夫も社会的地位や収入が高い傾向にあり，これを理由に友人や身内はおろか，医師などの専門家にも理解されなかったという。しかし同時に，「家計が苦しくて引っ越したのに，子の送迎のために無断で何十万円もタクシー代に使われていた」（診断有），「海で遊ぶ子どもを見ていてと伝えたら，波に流される幼児をただ見ていた」（ASD 疑い）という語りがあった。もちろん，原因を ASD 特性にだけ帰属できるわけではないが，いずれも "妻" の苦労を窺わせるエピソードだ。

IV　ASD とともに幸せなパートナー関係を築くために心理臨床家に期待されること

　ASD 特性は，結婚や就業ができる程度であっ

ても情緒的関係の構築や共同生活上の大きな問題を生じさせうる。そして，非 ASD パートナーはケア提供者として高いストレスと葛藤を感じ，生活と子育てに強い不安感を抱く。もちろん，カップル関係は相互作用であるから，非 ASD パートナー側の要因も考慮すべきは自明だ。例えば，愛着スタイルの型や強迫的に世話をしたがる傾向についての指摘もある。実際，“妻”たちからも生育歴上の苦労と，それゆえの自己肯定感の低さが語られた。また，“妻”だけでなく，自助会参加者にも対人援助職の割合が多かったことは印象的であった。概して，自己肯定感が低いと，人の役に立つことで存在意義を感じたくなるものだ。マイペースに過ごすことで安心できる ASD と，役に立ち感謝されることを拠り所とするタイプの組み合わせは，誤解やトラブルが生じやすいと感じる。

　最後に，心理臨床家に期待されることを検討したい。まず，ASD 特性についての心理教育が考えられる。筆者の研究では，「ASD を知って混乱が小さくなる」というプロセスが見られた。これは，岡田（2018）やアスペルガーの夫との奮闘を描いた作品『旦那さんはアスペルガー』（野波，2011）でも取り上げられている。さまざまな事情で難しいケースも多いだろうが，両者揃ってケーススタディ的に学ぶ機会を持つのがベストだろう。自助会などで勉強会が開催されており，ピアサポートとして有益である一方，個別のケーススタディとしては不十分な部分が多く，かつ，必ずしも専門家が同席しているわけではない。カップル間のダイナミズムを検討し，“何が起きているのか”を現実面と心理面で俯瞰できるカップルセラピーは，最も理想的な機会ではないだろうか。心理臨床家は，ASD 特性ゆえの変化の難しさや，本来は対等に支え合うべきパートナー関係において，援助者－被援助者関係に陥りやすく，非 ASD パートナーは不平等感を抱きやすいという点を考慮されたい。また，言うまでもなく，パートナー関係は相性の影響が大きく，それぞれの最適解が無数に存在する。お互いを思いやり，尊重し合える関係が築けているか，双方が納得できているかという点に注意を向けながら，心理臨床家自身の家族観やジェンダー観を整理し，無自覚に「あるべき姿」を押し付けないように意識されたい。

▶文献

American Psychiatric Association［髙橋三郎，大野裕 監訳］（2014）DSM-5 精神疾患の分類と診断の手引．医学書院.

甘露寺順子（2012）自閉症スペクトラム者の夫婦関係の検討──夫婦間コミュニケーションと夫婦関係の満足度に着目して．白百合女子大学発達臨床センター紀要 15；62-71.

中釜洋子，野末武義，布柴靖枝（2019）家族心理学──家族システムの発達と臨床的援助［第 2 版］．有斐閣.

野波ツナ，宮尾益知 監修（2011）旦那さんはアスペルガー．コスミック出版.

岡田尊司（2018）カサンドラ症候群──身近な人がアスペルガーだったら．KADOKAWA.

Peterson W & Peterson CC（2011）Adults and children with asperger Syndrome : Exploring adult attachment style, marital satisfaction with parenthood. Resarch in Autism Spectrum Disorders 5-1；392-399.

Weston L（2011）Connecting with Your Asperger Partner : Negotiating the Maze of Intimacy. Jessica Kingsley Publishers.

● [特集] カップルセラピーをはじめる！——もしカップルがあなたのもとを訪れたら？

[コラム2] 同性カップル

小林良介 Ryosuke Kobayashi

一宮メンタルクリニック

I　同性カップルの法制度

2023 年 6 月，「LGBT 理解増進法」が国会で成立，施行された。一方で，主要先進 7 カ国（G7）のなかで，同性婚や，婚姻と同等の権利を保障するパートナーシップ制度を国レベルで導入していないのは日本だけである。2019 年 2 月から始まった同性カップルによる全国 5 カ所の集団訴訟において，1 審では，4 つの判決で同性カップルが結婚できないのは違憲状態という前向きな動きはあるが，最終的な結論はまだ出ていない。最近の複数の世論調査で同性婚に賛成の人の割合は反対の人の割合を大きく上回るというデータも出ているが（PRIDE JAPAN, 2023），現状日本において，同性同士の法律婚は認められていないのである。

地方自治体レベルで進んでいるパートナーシップ制度は，2023 年 6 月 28 日現在，328 の自治体で整備され，人口カバー率は 70.9% とされているが（NIJI BRIDGE, 2023），法律婚とパートナーシップ制度では保障するものが全く違う。例えば，相続，病院面会や手術の同意書，住宅ローン，扶養控除など，法律的な配偶者であれば当然認められる権利が保障されないのである。また子どもを持つ選択肢も少なく，もともと異性婚により子ど

もを持つ一方が離婚した後に同性カップルになる場合か，精子提供あるいは代理母出産など，状況的・金銭的な制限も大きい。特別養子縁組で実子扱いにできるのは入籍している異性カップルだけであり，同性カップルは養育里親にしかなれない。同性カップルは，社会に家族として保障された上で家族を広げ，続けていくイメージが描きにくい状況にあるのである。

II　従来の異性カップルの規範に当てはまらない同性カップル

同性カップルは，恋人と友人の境界の緩やかさや特定のパートナーとの一対一にとらわれない関係性を特徴に持ちやすいとされている（釜野, 2008）。特にゲイカップルにおいては，5 年以上パートナー関係が続くのは 22.8% であり，一対一の関係を望むのと同じくらいの割合の人が，恋愛とは別に性生活を割り切って楽しみたいと答えていた（LASH, 2018）。一方で，パートナーのいるゲイ男性の方が単身のゲイ男性よりも健康上の利益が高いとされており（Parsons et al., 2013），本来援助を期待できる家族へのカミングアウトが難しいゲイ男性にとって，パートナーは重要なサポート源になりうる。

III　カップルの多様化

　また，何をもって「同性」というのかという視点もある。生物学的な性が同じであるパートナー関係をイメージしがちであると思うが，生物学的あるいは戸籍上の性別は異性でも性自認としては同性同士のカップル（例えば，性別適合手術をしていない戸籍上は女性のトランスジェンダー男性とゲイ男性のカップル），あるいは戸籍上は同性であっても性自認としては異性愛カップル（例えば，性別適合手術をしていない戸籍上は女性のトランスジェンダー男性とシスジェンダー女性のカップル）というケースもありうる。この場合，前者のカップルは，性自認上は同性カップルではあるものの戸籍上異性のため法律婚ができ，後者のカップルは，性自認上は異性カップルではあるが戸籍上は同性同士のため法律婚はできない。また，ノンバイナリーやXジェンダーという自身の性自認が男女二元論に当てはまらない人がカップルの一方あるいは両方である場合，そもそも同性カップル・異性カップルという概念に当てはまらない。また，上述の一対一にとらわれない3人以上での関係性が合意のもとで形成されることもありうる。

IV　同性カップルのこれから

　これまで述べてきたように，法制度や社会的な理解，家族のサポートが異性愛カップルと比べて乏しく，一対一の関係にとらわれない関係性を持ちやすいとされる同性カップルは，カップルセラピーを用いてまで関係性を維持・改善していきたいというモチベーションが低い可能性も示唆される。ただ一方で，以前と比べると同性カップルでも一対一の関係性の合意や行動は増えている（Gotta et al., 2011），パートナー以外と性的関係を持たないゲイカップルの方が関係性の質が高い（de Villers & Ram, 2017）というような海外の調査もある。また，2021年には同性間の性的関係も不貞行為に問われる判決が下され，同性間であっても社会的責任が問われてきている。今後は，法的な婚姻が結べるようになったり，子どもを持つ選択肢が増えていくことも期待される。そういった変化のなかで，同性カップルのカップルセラピーのニーズが増えていく可能性は考えられる。上記のような同性カップルをめぐる状況を知っておきつつも，同性カップルの実態も変化していくものであり，「同性カップルはこういうものだ」という先入観にとらわれないことが重要である。それは異性カップルも同じであり，従来の男女二元論的価値観や性役割にとらわれていてはいけない。人間と人間のカップルとして丁寧に話を聞いていけば大きな問題は起こらないと考える。

▶文献

de Villers L & Ram L（2017）Commitment, monogamy and sex/relationship satisfaction in gay male couples. The Journal of Sexual Medicine 14-5 ; 297-298.

Gotta G, Green R-J, Rothblum E et al.（2011）Heterosexual, lesbian, and gay male relationships : A comparison of couples in 1975 and 2000. Family Process 50 ; 353-376.

釜野さおり（2008）レズビアン家族とゲイ家族から「従来の家族」を問う可能性を探る．家族社会学研究 20-1 ; 16-27.

LASH（2018）意外と知らない僕らのリアルなセックスライフ――LASH調査報告書（https://www.chiiki-shien.jp/image/pdf/lash2.pdf［2023年9月8日閲覧］）.

NIJI BRIDGE（2023）https://nijibridge.jp/data/［2023年9月8日閲覧］

Parsons JT, Rendina HJ, Ventuneac A et al.（2013）A psychometric investigation of the hypersexual disorder screening inventory among highly sexually active gay and bisexual men : An item response theory analysis. Journal of Sexual Medicine 10-12 ; 3088-3101.

PRIDE JAPAN（2023）https://www.outjapan.co.jp/pride_japan/news/2023/5/3.html［2023年9月8日閲覧］

🐦 ［特集］カップルセラピーをはじめる！——もしカップルがあなたのもとを訪れたら？

カップルセラピーを始める前に
実務のヒント

松本健輔 Kensuke Matsumoto

HummingBird

I　はじめに

　2009 年にカップルの専門相談機関と看板を掲げてカウンセリングルームを開いて 10 年以上の歳月が過ぎた。その間たくさんのカップルの方とお会いしてきて，あくまで主観的な肌感ではあるが，年々カップルのセラピーに対する抵抗感が減っているような気がする。立ち上げ当初は，「アメリカの映画でカップルのカウンセリングを見て」といった枕詞がよく聞かれたが，今ではあまり聞くことがなくなった。

　ただ，臨床心理士や公認心理師の関心はカップルに向いているだろうか。大型書店の心理学の売り場に行けば一目瞭然だ。すぐにカップルセラピーの書籍の少なさに気づくだろう。一方，カップルや夫婦関連の本を探すとたくさんの一般書が存在する。それこそが今の日本の現状ではないだろうか。

　本稿では，カップルセラピーを始めるにあたり，実務家として準備する必要があることを論じ，少しでもカップルセラピーへの敷居を低くすることを目指したい。特に，一対一の個人カウンセリングとの差異を中心に論じたい。

II　事前に決めておかなければいけないこと

　カップルセラピーを受けているクライアントから突然電話があり，「実は先生，私不倫をしているんです」と告白されたどうしたらいいだろうか？

　セッション外の相談は応じないとルールに定めていた場合でも，突然の電話で，開口一番，そんな秘密を告白されることも実際にあるかもしれない。全てのトラブルに対して事前に準備することはできない。しかし，実際にカップルセラピーでの想定できる事柄に関しては，事前に準備をして取り決めておく必要がある。以下，ある程度想定されるカップルセラピー特有の事態に対して取り決めておくことを列挙した。

1　カップルセラピーの枠組みをどうするか

　冒頭での突然の告白は特殊な事柄としても，カップルセラピーをしている中で，一方から個人カウンセリングを申し込まれる，その場でパートナーには言えない秘密が語られる可能性は高い。カップルセラピー中に個人のカウンセリングを受けるかどうか。そしてそこで話された内容の守秘はどうするのか。セラピストは事前にこういった

場合の対処方法を決めておく必要がある。

　その判断は，セラピストのスタンスにもよる。個人カウンセリングを受け入れる場合，カップルセラピーでは得られない情報が得られたりすることは当然ある。例えば，DV に関して言えば，女性に単独で直接的に質問することにより発見率が高まることがいくつかの研究から明らかになっている（例えば，Morrison et al., 2000 ; McFarlane et al., 1991）。つまり，DV の問題があるにもかかわらず，個人のセッションをしないとカップルセラピーの場ではそのことが語られていない可能性があるということだ。また，詳しくは「共感のリスク」の項で後述するが，カップルセラピーではパートナーの手前，堂々とできなかったコンプリメントを行うこともできるかもしれない。一方，デメリットとして，不倫など重大な相手に対する裏切りなどが告白され，秘密を共有する関係を強いられるかもしれない。当然，そのことはカップルセラピーに対しても少なからず影響を及ぼす。何より，裏切りを知っていながら素知らぬ顔をしてセラピーを実施すること自体が，もう一方のパートナーへの裏切りとも言えるかもしれない。Butler et al.（2009）は，セラピストが不倫の事実を告白された場合，不倫の自発的な開示を促進することは，困難で要求が高いものの，最も倫理的な行動であり，愛着と親密さの再生と活力への最良の見通しであると主張している。つまり，絶対に秘密にしてくださいと言うクライエントに対して，パートナーに秘密を開示することを促すという難題に直面しなければならなくなるのだ。いずれにせよセラピストは，カップルにとってのメリット，デメリットを考慮して事前に枠組みを決めるとともに，初回のセッションで丁寧に説明をして合意を求める必要がある。

2　カップルセラピーを実施するかどうかの判断

　個人のセラピーでは，精神疾患があまりに深刻で，対話が難しかったり，カウンセリングによって悪化したりする可能性がある場合，または主治医の反対があった場合などは，当然カウンセリングをお断りする場合がある。カップルセラピーも例外ではない。では，カップルセラピーだからこそ断るケースはどんな場合だろうか。

　ここで必ず考えてほしいことは暴力の問題だ。暴力はカップルの問題と切っても切れない関係にある。内閣府男女共同参画局（2021）の「男女間における暴力に関する調査」によると 25.9%の女性が配偶者からの暴力を経験している。そして男性においても，18.4%に配偶者からの暴力の経験がある。それだけ身近な暴力の問題が，主訴ではないにせよ持ち込まれる可能性は想定すべきことである。

　では，なぜカップルセラピーを受け入れるかどうかにおいて暴力の問題を考える必要があるかであるが，セラピーの場での会話で葛藤が高くなり，帰宅後激しい暴力が起こる可能性が一つ考えられる。そのため，DV の問題を抱えるカップルのカップルセラピーは禁忌とされることが多い。ただ，近年徐々にそこから脱却し，DV を経験したカップルにカップルセラピーを行う試みが見られる（例えば，Slootmaeckers & Migerode, 2020）。一方，セラピーにより暴力を悪化させるというリスクとは違う視点も考慮しなければならない。近年のカップルセラピーの研究の中で，オリエンテーションを超えて，共通する理念や要素など共通点を追求する研究がある（例えば，Christensen, 2009 ; Weeks & Fire, 2014）。その中で，細かいニュアンスや捉え方は違いはあるものの，カップルとしての関係性や相互作用を見てアプローチしていくことがカップルセラピーの特徴の一つとして挙げられる。これはともすれば，暴力は共同責任であって自分だけの責任ではないという考え方や，相手が悪いことをしたから自分は手を出すという責任回避の理論とも親和性が高くなりかねない。暴力の問題をカップルセラピーとして扱うためには，これら倫理的な問題もまた考慮すべきことになる。上記の視点を考慮しつつ，カップルセラピーを始める前には，暴力をどう扱うのかを，自分の

スキル，オリエンテーションなども念頭に置いたうえで取り決め，適切にセラピーの前にクライエントに説明をすべきである。

3　カップルセラピーの範囲を決める

　カップルセラピーというとどうしても，カップル間の問題や葛藤へのアプローチをイメージしやすい。カップルセラピーの対象として，セックスレス，不倫，子育ての葛藤，不妊治療による葛藤などが持ち込まれる。また，離婚したい／したくないといった平行線の会話の解決を求めて来談することもある。

　一方で，従来個人カウンセリングの対象として扱われていたアルコールや薬物，さらにはうつ病などに対してもカップルセラピーで対応する試みが広がってきている（例えば，Lee et al., 2023；Wittenborn et al., 2022）。筆者のカウンセリングルームにも，性加害，覚醒剤，クレプトマニアなど犯罪になった問題が持ち込まれ，その解決の一形態としてカップルセラピーを行うことが多い。

4　イレギュラーを想定する

　それ以外にも，たくさんのイレギュラーがある。カップルセラピー以外での話は基本伺わないと定めて伝えていても，冒頭の電話のようなことがあるかもしれない。個人カウンセリングでの予約だったはずが，突然不倫相手と二人で来ることもあるかもしれない。時には，同性パートナーを突然連れてこられることもある。カップルセラピーを二人合同で行うと決めたとしても，一方が来なくなり，個人セッションへ切り替えたいと言われる場合も当然想定される。

　先ほど述べたように全ての状況を想定しておくことはできない。しかし，本に書いてあったことをただルールにするといった思考停止で枠組みを決めるのではなく，なぜそのルールが必要なのか，そのメリット／デメリットをしっかり考えて，カップルにとって安心な場を提供するためのルールが作れていれば，多少のイレギュラーがあって

も対応できるはずである。もちろんルールを途中で変えることはできるが，その都度クライエントに説明を求めると当然クライエントは混乱する。カップルセラピーを始める前に枠組みや提示するルールをどうすべきか考えることは，結果クライエントも自分も守れることに繋がるため，そのことにぜひ時間を使ってほしい。

III　個人カウンセリングとの違い

　多くのセラピストは，個人カウンセリングの教育からスタートしている。もちろん，カップルセラピーも心理療法であり，共通するところは多い。ただ，個人カウンセリングでは成功したことが，カップルセラピーになった瞬間に失敗に転じることすらある。そこで，普段個人カウンセリングに慣れている人のために，何が違うのか，何に気をつけるべきなのかを論じたい。

1　ゴールを作ることの難しさ

　Papp（2000）は，違いに対処することは，すべてのカップルセラピーの中心であると主張している。ゴールが一致しない場合はどうしたらいいのかという疑問もあるとは思うが，むしろゴールは一致していないものであり，そこに対処するためにカップルセラピーが存在すると考える方が自然である。

　個人のセッションで，クライエントからやりがいのある仕事をしたいと言われた時に，その人にとってのやりがいとは何かなどより，その人がその言葉に込めた意味を深めていくことがある。当然カップルセラピーでも同じである。関係を改善したいと言われた時に，改善の意味するところが同じであると早合点することは危険であり，改善とはどういう状態なのかを理解する質問をしていくことになる。また，改善へのプロセスも同じであるとは限らない。違いを取り上げる必要があるかはオリエンテーションによって異なるが，単純に同じ言葉を使ったからその意味も同じであると安易に考えることは控えるべきである。

　一方で，明確にゴールが違うカップルにも当然出会うことになる。子どもを作る／作らない，離婚する／しない，時には恋人を外で作っていいかどうかなどという葛藤を持ち込まれることもある。その場合，セラピーのゴールをどう作るのか，対立構造が明確化して硬直した会話をどう広げていくかなどの力が求められる。

2　共感のリスク

　共感が大切であることは，心理療法に限らず対人援助に携わる人であればおおむね合意されていることだろう。ただ，カップルセラピーの場合，共感を示すことは慎重に行われるべきである。例えば，夫の不倫で傷ついて来所したカップルをイメージしてもらいたい。不倫した夫が，仕事の中で孤軍奮闘してそれでも結果が出ず死にたいとすら思ったが，家族のために頑張ろうと思ったと語るとする。セラピストは，その頑張りに対して「家族のことを本当に大切に思っているんですね」と声をかけたい衝動に駆られるかもしれない。そこで考えてほしい。セラピストが「家族のことを本当に大切に思っているんですね」と共感的な言葉をかけることは，もしかしたら暗に「そんなに頑張っているんだから不倫しても仕方ないですね」という妻へのメッセージになりかねない。さらに難しい例は，不倫された妻が「どうしても夫と浮気相手のLINEのやり取りを思い出して怒りが込み上げてしまい，夫を殴ってしまいました」などと語った時に，セラピストが「それだけ悲しかったんですね」と返す場合もあるかもしれない。その共感は暴力を肯定しているわけではない。その共感的な姿勢によって関係ができて，セラピーが進むこともあるだろう。ただ，同時に留意すべきは，セラピストがその共感によって妻の暴力を肯定する役割を負ってしまっている可能性すらあるということだ。

　個人のセッションの中で行われ，今まで成功してきた共感が，カップルセラピーの中でクライエントを傷つけ，さらに傷つける関係に加担してしまう可能性がある。そのことは，個人カウンセリングとの大きな違いとして事前に考えておく必要性がある。

3　中立を考える

　カップルセラピストは当然目の前のカップルに対して中立でなければならない。どちらか一方に過度な肩入れをしたり，共感しやすい方を依怙贔屓したりすべきではない。しかしフェミニストたちは慎重かつ粘り強く，治療的中立が可能であるという前提に異議を唱え，中立は暗黙のうちに現状を支持しており，性差別社会では中立は本質的に性差別寄りの立場であることを意味していると主張した（Hare-Mustin, 1980）。相手を叩いたという同じ事象でも，体が大きく力の強い男性と小柄で非力な女性のそれを同じとして中立的に対応することは正しいのだろうか。カウンセリングの場でまくし立てるようにしゃべっている女性を攻撃している力を持った立場と理解することが中立的なのか（実際，カウンセリングの外では夫の方が力が強い場合がある）。中立を意識しながら，その中立的な態度が，そこに確かに存在するジェンダーを無視している可能性がある。

　一方，意図せずに中立的ではなくなり，カップルの一方を批判したり否定してしまう場合も考えられる。共働きだから土日も家事をしっかりやっているという男性を「家事を手伝われるなんてすごいですね」と労った時に，女性が家事をするのが当たり前であるというジェンダーバイアスを持っていて，中立ではないことに気づけるだろうか。その言葉が家事をすることがあなたの仕事であるという女性へのメッセージになっていることに気づけるだろうか。乳幼児のいる家庭で，男性が会社の飲み会に行ったことは触れずに，女性が会社の飲み会に行った時だけ「大切な飲み会だったんですか？」と尋ねることはないだろうか。これは，男性は付き合いで飲みに行くのは当たり前で，小さな子どもを持つ母親が飲みに行くのは特別なことである，そんなジェンダーバイアスが内

在化された質問である。

　ここで，ジェンダーとは違う視点で物事を考えてみたい。マイクロアグレッションという言葉がこの問題を考える一つの手助けになる。マイクロアグレッションは，ありふれた日常の中にある，ちょっとした言葉や行動や状況であり，意図の有無にかかわらず特定の人や集団を標的とし，人種，ジェンダー，性的嗜好，宗教を軽蔑したり侮辱したりするような，敵意ある否定的な表現と定義されている（Sue, 2010）。マイクロアグレッションの例として，アメリカ生まれアメリカ育ちの日本人に，「英語上手ですね」と言うことがあげられる。一度だけでなく，それが何度も繰り返されることで大きな傷になっていく。実際に，マイクロアグレッションに関する研究では，マイクロアグレッションが心理的悪影響を及ぼす可能性があることが明らかにされている（例えば，Costa et al., 2023 ; Lui & Quezada, 2019）。この言葉は，人種差別の問題から生まれた言葉であるが，セラピーを考える上でもとても有効な考え方だ。

　先ほどの「大切な飲み会だったんですか？」という言葉に戻ろう。ジェンダーというレンズでも見ることができるが，マイクロアグレッションというレンズでも見ることができる。

　中立という言葉はカップルセラピーの場では実に脆弱な言葉である。西井（2023）は，支援者のマイクロアグレッションなどの問題を議論した結論として，手持ちの知識ではクライエントの世界を完全に理解し得ないことを，まず認める必要があると主張している。それはカップルセラピーの文脈で捉え直すと，カップルセラピストは完全な中立であることは不可能であり，無意識にカップルの一方を傷つけたり，ジェンダー規範などを押し付けたりしてしまう危険性に耐えずさらされていると認める必要がある。そのために，ジェンダーやマイクロアグレッションといった，一見すると心理療法と関係が薄い概念も学んでほしい。

4　性的な会話の準備をする

　個人のセッションの中で，セックスの問題に触れることは決して多くないだろう。一方，カップルセラピーの場では，セックスに関わる問題が多く持ち込まれる。主訴ではないが，困り事を聞いていく中でセックスの問題が実は主要な問題だということにたどり着くことは決して珍しくはない。それだけ，カップルにとってセックスに関わる問題は主要な困り事の一つと言える。

　「共感のリスク」「中立を考える」の項で，セラピストがクライエントを傷つけてしまう可能性に言及した。一方で，性的な問題に関しては，聞いてはいけない問題であり，踏み込むと相手が嫌な思いをする問題であるとセラピストが過度に躊躇してしまうことも考えられる。そもそも恥ずかしいなどセラピスト側のフィルターが入り，本来は踏み込む必要性があったり，時にはクライエントが問題として提示しているにもかかわらず適切に触れることができずにいることが危惧される。そのため，カップルセラピーをする前に，自分が性に対してどういう偏りを持っているのか，それがどういった場面やシチュエーションで出やすいのかを理解しておく必要性がある。

Ⅳ　おわりに

　カップルセラピーは，心理療法やカウンセリングを考える上で後回しにされることがほとんどで，主に個人セラピーや家族セラピーから派生した方法をカップルに適応させたものであった時期もあった。しかし，カップルセラピーは，それ自体が独立し，広く実践され，独自の方法を持つ治療形態へと発展してきた（Lebow & Snyder, 2022）。カップルセラピーは，個人のセラピーを中心に臨床をしてきた人にとっては，戸惑うことが多いだろうが，それを克服した先には今までと違う可能性が開かれる。例えば，不登校で困っている母親の話を聞いている中で，父親も多少協力する姿勢が見えた時に，一つの選択肢としてカップルセラピーが浮上するかもしれない。そういっ

た視点を持つと，カップルセラピーはカップルの問題を扱う特殊な臨床領域ではなく，あらゆる臨床領域でも活用できる選択肢の一つになる。今後，より広い臨床領域でカップルセラピーが一つの選択肢になることを期待する。

▶文献

Butler MH, Harper JM & Seedall RB（2009）Facilitated disclosure versus clinical accommodation of infidelity secrets : An early pivot point in couple therapy. Part 1 : Couple relationship ethics, pragmatics, and attachment. Journal of Marital and Family Therapy January 35-1 ; 125-143.

Christensen A（2009）A unified protocol for couple therapy. In : K Hahlweg, M Grawe-Gerber & DH Baucom（Eds）Enhancing Couples : The Shape of Couple Therapy to Come. Göttingen, Germany : Hogrefe.

Costa PL, McDuffie JW, Brown SEV et al.（2023）Microaggressions : Mega problems or micro issues? : A meta-analysis. Journal of Community Psychology 51-1 ; 137-153.

Hare-Mustin RT（1980）Family therapy may be dangerous for your health. Professional Psychology 11-6 ; 935-938.

Lebow J & Snyder DK（2022）Couple therapy in the 2020s : Current status and emerging developments. Family Process 61-4 ; 1359-1385.

Lee BK, Ofori Dei SM, Brown MMR et al.（2023）Congruence couple therapy for alcohol use and gambling disorders with comorbidities. Part I : Outcomes from a randomized controlled trial. Family Process 62-1 ; 124-159.

Lui PP & Quezada L（2019）Associations between microaggression and adjustment outcomes : A meta-analytic and narrative review. Psychological Bulletin 145-1 ; 45-78.

McFarlane J, Christoffel K, Bateman L, Miller V et al.（1991）Assessing for abuse : Self-report versus nurse interview. Public Health Nursing 8 ; 245-250.

Morrison LJ, Allan R & Grunfeld A（2000）Improving the emergency department detection rate of domestic violence using direct questioning. The Journal of Emergency Medicine 19 ; 117-124.

内閣府男女共同参画局（2021）男女間における暴力に関する調査.

西井開（2023）怒りをのみこむ〈沼〉を問う─セラピストのマイクロアグレッションとアイデンティティ．臨床心理学 23-1 ; 45-49.

Papp P（2000）New directions for therapists. In : P Papp（Ed）Couples on the Fault Line : New Directions for Therapists. New York : The Guilford Press, pp.1-28.

Slootmaeckers J & Migerode L（2020）EFT and intimate partner violence : A roadmap to de-escalating violent patterns. Family Process 59-2 ; 328-345.

Sue DW（2010）Microaggressions in Everyday Life : Race, Gender and Sexual Orientation. John Wiley & Sons Inc.（マイクロアグレッション研究会 訳（2020）日常生活に埋め込まれたマイクロアグレッション─人種，ジェンダー，性的嗜好：マイノリティに向けられる無意識の差別．明石書店）

Weeks GR & Fire ST（2014）Couples in Treatment : Techniques and Approaches for Effective Practice. 3rd Edition. New York : Routledge.

Wittenborn AK, Woods SB, Priest JB et al.（2022）Couple and family interventions for depressive and bipolar disorders : Evidence base update（2010-2019）. Journal of Marital and Family Therapy 48-1 ; 129-153.

💬 [特集] カップルセラピーをはじめる！──もしカップルがあなたのもとを訪れたら？

カップルを面接室に迎える

文脈的カップルセラピー（CCT）

三田村仰 Takashi Mitamura
立命館大学総合心理学部／
カップルらぼ（個人開業）

谷 千聖 Chisato Tani
立命館大学大学院

　家族療法などの一部の伝統を除き，ほとんどのカウンセリングや心理療法は「一対一での面接形式」を前提に発展してきた。二人の，それも関係のうまくいっていないクライエント同士を一度に面接室に招くことは，支援者側にとってもそれなりに覚悟のいることであろう。実際，二人のパートナーとの面接は，しばしば感情を取り扱うという意味で，"火を扱う営み"にも似ている。その大いなる力を安全な形で借り受けるには，酸素と可燃物とのバランスを常に適切に保つ必要がある。何かが燻っているかと思えば，不意に着火したり，燃え広がるリスクすらある。バランスを失えば誰が火傷を負っても不思議はない。それゆえ，セラピストには，二人の関係性の再生に向けて，感情という炎をカップルと協力しながら適切に扱う技能が必要となる。

　文脈的カップルセラピー（Contextual Couple Therapy：CCT）とは，原理に基づく臨機応変な実践形式を採用した，機能的文脈主義の哲学（Gurman, 2013）を背景とする，日本生まれのカップルセラピーである（三田村，2023a；Mitamura et al., 2023）。CCT は 2 回の面接でカップル関係の質を向上することが小規模なランダム化比較試験（RCT）から支持されている（Mitamura et

al., 2023）。

　本稿では，日本におけるカップル支援のための一つのアイデアとして，CCT の基本的な考え方と方法論について紹介する。

I　カップルと協働する

1　二人のパートナーと同席することの力動

　カップルセラピーでは，セラピストは個人面接のときのように一人のクライエントに全意識を集中するというわけにはいかない。加えて，セラピストが何ら働きかけをしなかったとしても，二人のパートナー間での相互作用は常時進行し，セラピストが意図しないタイミングで二人のやりとりが始まることもある。また，セラピストと一方のパートナーがやりとりしている様子は，常にもう一方のパートナーが見聞きするところとなり，三者間の力動は絡み合いながら進行し続ける。

　一方で，カップルとの合同面接はセラピストにとって単に困難なだけのセッティングではない。そもそも個人面接においては，影響を与えうる対象は来談者当人に限定され，面接室と面接外の世界とのギャップをいかに埋めるかは大きな課題となってきた（三田村，2017）。ところが，カップルとの面接はこれらの限界をいとも簡単に乗り越

える。今この場に，二人の当事者が同席しているという状況は，カップルの関係性に変化を起こすうえで奇跡的なセッティングだとさえ言える。

2　カップルを「相互作用」として理解する

カップルセラピーでは来所したカップルに対し「パートナーのどちらが問題か？」といった見方をしない。問題があるとすれば，それは相互作用の問題であるだろうと仮定する。カップル関係がうまくいかないとき，典型的には，一方が他方を追い込み，もう一方が守りに徹するという「要求／撤退パターン」にはまり込んでいることが知られている（三田村，2021-2023）。当然ながら，カップルはパートナーなしに「要求／撤退パターン」を発生させることはできないし（このダンスは独りでは踊れない），このパターンの原因がどちらにあるともいえない（踊り続ける二人のそれぞれのステップは，互いに「原因であり結果」でありうる）。

そして，カップル間でさまざまな相互作用が展開するとき，それと連動して各個人内でもさまざまな相互作用が展開している。パートナーそれぞれが表出した反応には，それぞれの意味が込められ，パートナーがそれぞれの意味で受け取っていく。

3　解決できない課題を前にカップルはいかにして踊り続けられるか

要求／撤退パターンのような不幸なパターンは，しばしば二人の間での特定の問題を巡って展開される。ところが，実際のところカップルが抱える課題は往々にして解決不能である（Gottman, 2015 ; Wile, 2021）。同時に，カップルが解決不能な課題を抱えることは，それ自体がカップルの不幸や破局を予測するわけではない。むしろ，うまくいっているカップルでは，問題がありながらもうまく相互作用を展開させている（Gottman, 2015）。言い換えると，しばしば真の問題は，その具体的な課題そのものではなく，そうした課題

を巡って要求／撤退パターンのような不幸なパターンにはまり込んでしまうことの方にある。

転じて，カップルセラピーで強調されるようになったのは，仮に課題があったとしても，カップルがいかに互いの気持ちを理解し合い，思いやりと愛情をもって関わり合えるようになるかということである（Córdova, 2014）。

II　愛を編む相互作用（LI）モデル

さまざまなカップルがさまざまなニーズを持ち，支援のあり方も実践の場によって多様でありうる。限られた時間で最大限に有効な支援を行うためには焦点化が必要になる。また，状況に合わせた柔軟な実践のためには，一貫性を備えた理論が必要である。本稿では，統合的でユーザーフレンドリーなモデルとして（Vilardaga et al., 2009），CCT における「愛を編む相互作用モデル」を紹介する。

1　愛を編む相互作用（LI）vs. 愛を削ぐ相互作用（DI）

愛を編む相互作用（Loving Interaction : LI）モデルでは，その名の通り，二人のパートナーが織りなす相互作用（パートナーたちが示す言語的，非言語的な反応のやりとり）（Hayes & Fryling, 2023）に焦点を当てる。セラピストは，まずは大局的に，カップル内のすべての相互作用をその方向性が，（a）カップル関係の維持・向上に働くものと，（b）低減に働くものとに便宜的に区別する。前者を「愛を編む相互作用（LI）」，後者を「愛を削ぐ相互作用（Diminishing Interaction : DI）」と呼ぶ。CCT の目的はカップルにおける DI を減弱し，LI を増強することであり，LI が DI に対し優位な状態の安定化を目指す。

2　応答的な相互作用 vs. 気持ちのすれ違い

ある相互作用が LI となるのか DI となるのかの分水嶺として想定されるのが，相互作用内における「応答性」（Reis & Shaver, 1988）の有無で

ある。応答性とは，一方のパートナーが，もう一方のパートナーからの情緒的なニーズに対し，適切に反応を返すことである。パートナー間で起こる応答的な相互作用は，親密さを深めるプロセスだとされている（Reis & Shaver, 1988）。

一方で，パートナーから適切な応答が得られないような体験（相互作用）を，LI モデルでは「気持ちのすれ違い」と呼ぶ。これは単に応答性が不十分か，反応答的な相互作用である。「気持ちのすれ違い」という体験は，その後のカップルの相互作用に対し，それほど影響しなかったり，いずれかの時点で解消される場合もある。しかし，カップルはしばしば，小さなすれ違いの蓄積や，大きなインパクトをもつすれ違いを経験する。そうして生まれた「関係性の傷」（Gottman, 2015；Johnson, 2019）は，しばしば，後々まで二人の相互作用に悪影響を与え（LI を抑制したり，DI の誘因や引き金，維持要因となるなど），カップル関係の修復の妨げともなる（三田村，2023b）。

カップルにとって，DI のトラップから抜け出し LI を優位にするためには，しばしばこのすれ違いの解消が必要となる。また，そうしたすれ違いを解消するプロセスは，それ自体が二人の親密さを深める応答的な相互作用となりうる（Córdova, 2014；谷，2023）。

III　セラピストがすること

1　CCT の最終目標とセラピストの 3 つのタスク

CCT の目標はカップルにおける LI の増強であり，その最終目標は，葛藤的な文脈でさえ，LI が優位な状態をカップルが維持できるようになることである。CCT では，Christensen et al.（2020）が抽出した「カップルセラピーにおける変化の原理」を LI モデルに合わせて再構成し，CCT の最終目標に向けた中間目標もしくは「セラピストにとってのタスク」を 3 つに整理する。

それぞれ，タスク 1「同盟関係を速やかに築き維持する」，タスク 2「すれ違いを気づきに変える」，タスク 3「セッション内での応答的な相互作用を促す」である。

2　同盟関係を速やかに築き維持する（タスク 1）

カップルセラピーにおいて同盟関係（目標についての合意，作業についての合意，肯定的で情緒的な絆）の構築は前提条件である。セラピーの目標とそれに向けた作業への合意に関して，CCT では基本スタンスを維持しながらの柔軟性を強調する。CCT においてセラピストは，"デフォルトとして"，LI の増強を目標として，タスク 1 〜 3 をこなす。ただし，パートナーによっては，具体的な問題解決や特定のテーマについて二人で話し合うこと自体を望む場合もある。そうした際，セラピストは，LI への焦点を維持しつつも，各カップルの希望を最大限尊重し，取り入れるよう努力する。目標や作業をカップルに押し付けることは，カップルセラピー自体の成立を困難にしてしまう。

肯定的で情緒的な絆に関して，セラピストが共感と思いやりをもってカップルに接することが基本である。しかしながら，カップルを対象とした面接では，セラピストからの一方のパートナーに対する共感的な反応が，もう一方のパートナーとセラピストとの信頼をかえって損なう場合もある。セラピストには，双方とのバランスの取れた関係性を築き維持することが求められる。

3　すれ違いを気づきに変える（タスク 2）

Wile（2021）は，カップルセラピーにおいては，解決不能な問題があることを前提に，むしろ，その瞬間に生じている敵対的な相互作用を解き，相互理解と親密さを高めることを目指すべきだと指摘してきた。CCT でもこれに倣って，「瞬間瞬間の"すれ違い"を"気づき"に変える」ことを基本的なタスクとしている。言い換えると，「こんなはずじゃなかった……」「そんなつもりじゃなかった……」と感じるような二人の間での感情のすれ違いが，どこで，どのように起こっているのかをカップルと協働的に探索する。この相互理解

のプロセスを通して，お互いへの自然な思いやりが生まれるような機会をセラピストはカップルと一緒に創り出す。

　なお，タスク2のための方法論として，しばしばセラピストは，思いやりある解釈を一つの可能性として提示したり，今ここでの身体感覚や感情に焦点化しながら（Johnson, 2019），協働的にリフレーミングを行いつつ，カップルが二人の物語を語り直せるよう手助けする。

4　セッション内での応答的な相互作用を促す（タスク3）

　カップルが実生活の場でLIを起こすためには，まずはセッション内という安全な場でこれを実現する必要がある。LIにはさまざまな種類がありうるが，CCTでは特に応答的な相互作用に焦点を当てる。セッション内で，感情を伴ったやりとりをパートナー間で直接行う機会を設けることは「エナクトメント」と呼ばれ（Greenberg & Goldman, 2008 ; Johnson, 2019），カップルセラピーを特徴づける強力な変化の手続きである。

　このエナクトメントに関するタスク3は，さらに，タスク3a「二人の間でのポジティブ感情を体験する機会を作ること」，タスク3b「親密さを深める機会を作ること」に分けられる。特にタスク3bは「すれ違いの解消」というカップルにかかる負担とリスクが大きい作業となるため，その実施には特に入念な準備と慎重さを要する（Johnson, 2019）。

　なお，応答的な相互作用はそれ自体でカップルの具体的問題を解決するようなものではないが，カップルが互いの気持ちについて実感をもって触れることは，結果的に具体的な行動の変容を，しばしばカップルの内側から引き起こすと考えられている（Christensen et al., 2020）。

IV　セラピストのスタンスと基本的な技能

　CCTではセッション内での状況やタイミングに応じてさまざまな手続きが使い分けられるが

（三田村，2023a），カップルとの面接において最も基本と考えられるのが，セラピストのスタンスおよびファシリテーションの技能である。これらはタスク1の達成に向けて主に必要とされるものでもある。

1　セラピストのスタンス

　セラピストは二人のパートナーそれぞれに対し，思いやりある態度で接し，それぞれが体験する思考・感情・感覚は，それぞれのパートナーの文脈（歴史や状況）からみて妥当であることを承認する。また，CCTを含む機能的文脈主義に基づくカップルセラピーにおいては，セラピストは状況に応じ，コーチ，コンサルタント，ヒーラーなど，さまざまな役割を柔軟に担う（Christensen et al., 2020 ; Gurman, 2013）。加えて，セラピストは，それぞれのパートナーの反応がもつ意味や，セラピスト自身の些細な仕草や間の取り方も含め，自分自身が示す反応がパートナーそれぞれに与える影響（機能）について，常に意識を向け調整し続ける（Christensen et al., 2020 ; Gurman, 2013）。

2　ファシリテーション

　ファシリテーションとは，面接室内における三者間での相互作用をマネジメントすることであり，カップルにとって安心で安全な時間と空間を設ることである。ファシリテーションでは，話題の焦点と方向性，誰が誰に話すか，時間管理やタイミング，仲介といった手続きをセラピストが責任をもって担う。これは実践上ごく当然な作業ではあるが，セラピストという第三者がカップルの文化に入れてもらう（ジョイニング）上でも，この作業が安定してなされていることが前提となる。仮にこの作業が不十分であった場合，カップルに不審感や不安を抱かせたり，さらには面接室内で不必要な傷つきをパートナーに経験させてしまいかねない。

V　まとめ——一粒の種としてのCCT

　現段階では，国内で有効性が支持されている
カップルセラピーはCCTに関する1件のみであ
る。今後，CCT自体についてのさらなる研究も
必要であるが，日本でのカップルセラピーの発展
と普及に向けて，CCTが（短期，中期，長期の
いずれであれ）介入法の一つのモデルとなること
が期待される。

▶文献

Christensen A, Doss BD & Jacobson NS（2020）
Integrative Behavioral Couple Therapy : A Therapist's
Guide to Creating Acceptance and Change. 2nd Edition.
New York, NY : W.W. Norton & Company.

Córdova JV（2014）The Marriage Checkup Practitioner's
Guide : Promoting Lifelong Relationship Health.
Washington DC : American Psychological Association.

Gottman JM（2015）Principia Amoris : The New Science
of Love. New York, NY : Routledge/Taylor & Francis
Group.

Greenberg LS & Goldman RN（2008）Emotion-Focused
Couples Therapy : The Dynamics of Emotion, Love,
and Power. Washington DC : American Psychological
Association.

Gurman AS（2013）Behavioral couple therapy : Building
a secure base for therapeutic integration. Family
Process 52-1 ; 115-138.

Hayes LJ & Fryling MJ（2023）Interbehaviorism : A
Comprehensive Guide to the Foundations of Kantor's
Theory and Its Applications for Modern Behavior
Analysis. Oakland, CA : Context Press.

Johnson SM（2019）The Practice of Emotionally Focused
Couple Therapy : Creating Connection. 3rd Edition.
New York, NY : Routledge/Taylor & Francis Group.

三田村仰（2017）はじめてまなぶ行動療法．金剛出版．

三田村仰（2021-2023）カップルセラピーは夫婦を危機か
ら救えるか（連載：第1-12回）．こころの科学 218-228.

三田村仰（2023a）文脈的カップルセラピー（Two-CCT）
の開発．家族心理学年報 41.

三田村仰（2023b）カップルセラピーと感情—「感情／ア
タッチメントの傷」とは何か?．精神療法 49-2；199-
202.

Mitamura T, Tani C, Harada A et al.（2023）
Videoconferencing two-session contextual couple
therapy in Japan : A feasibility randomised controlled
trial. Open Paper presented at the 10th World Congress
of Cognitive and Behavioral Therapies（WCCBT）.
COEX, Seoul, Korea.

Reis H & Shaver P（1988）Intimacy as an interpersonal
process. In : S Duck（Ed）Handbook of Personal
Relationships. Chichester, UK : Wiley & Sons, pp.367-
389.

谷千聖（2023）カップルと親密性—親密性を育むうえでの
3つのヒント．臨床心理学 23-6；626-630.

Vilardaga R, Hayes SC, Levin ME et al.（2009）Creating a
strategy for progress : A contextual behavioral science
approach. The Behavior Analyst 32-1；105-133.

Wile D（2021）Solving the Moment : A Collaborative
Couple Therapy Manual. Independently published.

[特集] カップルセラピーをはじめる！──もしカップルがあなたのもとを訪れたら？

カップルセラピーとセックス

岩壁 茂　Shigeru Iwakabe

立命館大学総合心理学部

I　臨床心理学とセックス

　セックスおよびより広くセクシュアリティの問題は，臨床心理学において扱われるべきテーマのひとつであるが，驚くほどに教科書に取り上げられることが少ない。近年では，ジェンダー，性差別，LGBTQ など，その社会的な側面について（大嶋・信田，2023），また，DV を含めた性暴力や犯罪とつながるような逸脱については話題になるが，セックスという性的行為，欲求，その満足などについてはふれられないままである。セックスは，個人の娯楽か嗜好の範囲に存在し，あたかもアカデミックな対象ではないような印象さえ受ける。世界保健機関（WHO, 2002）は，性の健康を人の「健康」の一部として扱い，「性に関連した身体的，感情的，精神的，社会的な幸福の状態であり」，単に病気や機能障害がないという状態ではないと定義し，さらに，性の健康は，ジェンダー規範，性役割，性期待，権力ダイナミックスによって大きな影響を受けることも付け加えている。そう考えると，日本における臨床心理学にも，そのような話題を避ける社会的傾向が働いていると見ることができるだろう。性的欲求低下障害，勃起障害（ED），性交に関する痛み，持続性性喚起障害，オルガズム障害，などといった性に関する心身の問題は，米国精神医学会の『精神疾患の診断・統計マニュアル』にも記載されており，私たち臨床家が学び，扱うべき対象である。さらに，後述するが，障害という程度には達していなくとも，カップル関係におけるセックスの問題は広く見られ，「正当」で「真面目」な心身の健康の問題として性の問題は存在している。そして，それについて正しい情報を伝え，それがもつ可能性を享受することを支援するのは，心理の専門家に期待される役割のひとつであろう。

　年齢，ジェンダー，文化にかかわらず，共通して言えるのはみなセックスのことで悩んだことがあり，聞きたいことがあっても，質問しづらく，正面から扱いにくいということだろう。人間の複雑で，一見変わっていながら，とても自然かもしれないような性的欲望とこだわりと，それにまとわりつくしつこい恥を，ユーモアをもって悦ばしく描いた1970年代の映画のタイトル「ウディ・アレンの誰でも知りたがっているくせにちょっと聞きにくい SEX のすべてについて教えましょう」は，50年経った現在でも，私たちの感じ方を捉えている。臨床家という会話の専門家であっても，自分と相手のなかにある道徳的で審判的な部分に

ふれずに，お互いの照れや恥を喚起せずに，セックスをそのまま扱うことはとても難しい。

　本稿では，セックスセラピーについて簡単にふれたあと，エモーション・フォーカスト・セラピーの立場から，セックスの問題について考えてみたい。すでに，本特集には，高井美帆によるエモーション・フォーカスト・セラピーについての解説がある。Sue Johnson と Leslie Greenberg は，カップルのためのエモーション・フォーカスト・セラピーの共同開発者であるが（Greenberg & Johnson, 1988），それぞれ別々に活動してきた。二人の理論と実践はかなり似ているが，重要な違いもあるため，その点についてもふれたい。そして，カップルセラピーにおいて，セックスの話題をより積極的にオープンに取り上げることが，セックスの問題だけでなく，より良い関係，そして個人のウェルビーイングを高めることにつながることを示していきたい。

II　カップルセラピーとセックス

　現在，結婚の約 9 割が恋愛結婚であることを考えると，恋愛と切っても切り離せないセックスや相手との心地よい身体的な接触についてまったく扱わないままカップルセラピーを効果的に行えるとは考えにくい（Barnes, 1995）。日本ではカップルのセックスレスの割合が高いだけでなく，性に対する満足度も低いことが知られている。加えて，性に関するオープンさや性的な欲求を相手に伝えられる比率も低いと言われている（瀬地山，2014）。性的な満足は，個人の主観的幸福感の重要な要因であることがさまざまな国における調査により示されている（e.g., Kim et al., 2017 ; Neto & Pinto, 2013）。また，カップルにおける性の満足や性に関するコミュニケーションの質は，カップルの関係の満足度に強く関わっている（Træen & Kvalem, 2023 ; Velten & Margraf, 2017）。セックスは，身体的な快感や緊張の緩和という面だけではなく，二人しか共有できないような特別な世界を作りだすことを可能にする。ベッドのなかで，

お互いの欲望やファンタジーを打ち明け，それに応え，満たす存在になることができる。また，行為が終わったあと，高揚感を分かち合いながら過ごす睦まじい時間は二人のつながりを強める。逆に，性的につながれない，または相手に拒否される，相手に魅力を感じてもらえないことは強い傷つきを生みだしうる。このようにみると，セックスレスがカップル関係の満足やコミュニケーションの質にネガティブな影響を与えうる深刻な問題であることは想像できる。ただし，ある一定の頻度，一定の時間，性的な行為をもてば良いとか，一定数のオルガズムに達することが性的健康であるというような，すべてのカップルが目指すべき「健康な」基準があるわけではない。それぞれの個人にとって何が「健康的」であり「充実した」「肯定的」な性的かかわりか，ということを知るのが重要であろう。

　興味深いことに，カップルセラピーやセックスセラピーがより一般的な北米でさえ，カップルセラピーでもセックスについて十分に扱ってこなかったという批判もある（e.g., Emond et al., 2021 ; Johnson et al., 2018）。カップルセラピーは，「夫婦関係」のセラピーであり，その最重要課題は，愛情や信頼を作ることであり，セックスは二次的であるという見方をとりやすい。性的な話題を持ちだしにくいことも関係しているだろう。これは，クライエントであるカップルだけでなく，セラピストにも当てはまる。臨床場面において，クライエントのセックスに関する質問をしないセラピストも多いことが報告されている（Miller & Byers, 2012）。

III　セックスセラピーの変遷

　セックスとセクシュアリティはもともとカップルセラピーと切っても切り離せない問題としてスタートした。まず大きなきっかけとなったのは，1950 年代のおわりに米国で Masters と Johnson が行った，性の問題に関する大規模な研究である（Masters & Johnson, 1966 ; Masters et al.,

1988）。700 名程度の男女の性的興奮に関する生理学や主観的な体験のデータから，当時は強かった女性のオルガズムやマスターベーションに関する誤解や偏見を払拭するのに貢献した。同時期に，キンゼイレポートと呼ばれる 1 万人以上を対象とした大規模調査から，同性に対して性的興味をもったことがある人は 40％を越えていることや，平均的な性行為の回数，不倫経験者が半数に上ることなどが公表された（Kinsey et al., 1948）。これらの調査は，タブーとされていることや，いくらか「変わった」と思われるような嗜好が一般的であることを示した。また，性的関心をもつこと，それを満たそうとすることが，「健康」な実践の一部であることを示すことによって，道徳的な先入観を打ち破り，性的健康に対する社会的関心を喚起した。

　その後，Masters et al.（1988）は画期的なセックスセラピーの手法を開発した。そのうちのひとつは，センセートフォーカス（sensate focus）というもので，勃起障害，早漏，性交中の痛み，性行為に関する不安など，さまざまな問題をもつ幅広い問題に対して実証的に有効性が認められていた。ただし，必ずしも性的な障害をもつカップルだけでなく，セックスがうまくいかない，楽しめないというカップルにも適用された。この方法では，二人が性交をするプレッシャーを感じることなく，お互いの身体にふれることに慣れ，そして親密さを深め，セックスに関してのコミュニケーションを改善することを目的とした。センセートフォーカスをはじめとしたエクササイズは，お互いの性的欲求や身体について学ぶだけでなく，性とかかわるさまざまな思い込みや偏見も修正する機能をもっていた。

　筆者は，1990 年代の北米の学部や大学院の授業で，セックスセラピーを学んだ。当時は，一つの専門領域としてその存在が際立っていたように思う。セックスセラピーは，性に関する心理教育，カウンセリング，パートナーとのコミュニケーション，身体を使ったエクササイズ・ホームワー

クなどを用いる心理療法の一領域となっていた。しかし，バイアグラが広く普及していき，セックスセラピーのターゲットのひとつであった勃起の問題が驚くほど簡単に解決して，現在ではいくらか下火になった印象もある。ただし，薬によっても解決されなかったさまざまな感情の問題も少なくないだろう。

IV　Emotion-Focused Therapy からのカップルとセックスの理解

　Greenberg らによる EFT-C（Emotion-Focused Therapy for Couples）（Greenberg & Goldman, 2008）と Johnson による EFCT（Emotionally Focused Couples Therapy）（Kallos-Lilly & Fitzgerald, 2015；Johnson, 2008）は，どちらも，パートナー間でのネガティブな感情の相互作用が硬直化してしまうことに焦点を当て，それぞれのニーズに応えられるような新たな関わりのサイクルを作っていくことを目的としている。新たな関わりのサイクルとは，二人が相手に対して感情的ニーズを表現しやすく，そしてそれに応えやすくなり，お互いの感情調整を助け，それを快く感じられるようなかかわりのパターンである。

　たとえば，妻が家事を必死になってこなして家庭を作っていることを夫が認めず，二人の間が険悪になっている例を考えてみよう。妻は夫からの愛情や肯定を求めているのに，夫の帰りが遅いと，「家族を二の次にしている」と責め立て，夫も「家族のために残業している」と怒りで応酬し，最終的には，二人の間に距離ができてしまっているとしよう。このような場合，妻が夫に対してもつ「認めてもらいたい」というニーズに妻自身が気づき，夫に対して表せることが必要である。そして夫が，怒りではなく，その背後にある満たされない感情的なニーズに注意を向け，それを感じ取り，受け入れ，それに対して反応できるように，セラピストは二人の関わり方に介入する。Greenberg と Johnson のどちらの EFT も効果研究の知見に支持されている（e.g., Spengler et al.,

2022；Woldarsky Meneses & Greenberg, 2014）。EFT は，どちらも，セクシュアリティの問題に関心を向けて積極的に扱っている（e.g., Girard & Wooley, 2017；Greenberg & Goldman, 2008；Johnson et al., 2018）。

　もう一方で，この2つの EFT の違いは動機付けに関する理論に見られる。Johnson は，セックスも含めてカップルの関係の動機付けは，すべてアタッチメントシステムに由来し，最適なセクシュアリティのための安全性と安心を作りだすことを重視している。カップルの性の問題は，アタッチメントに問題があるときに起こり，アタッチメントとかかわる感情的な問題が解決されることが，性の問題の解決のために不可欠であると考える。もう一方で，Greenberg らの EFT-C は，アタッチメントに加えて，アイデンティティ，および魅力（attraction）－好意（liking）という3つの基本的動機付けシステムを仮定している。アイデンティティとは，自分の存在を肯定され，受容されることとかかわり，主体性や自己評価が高めようと求める。それは，社会的な成功だけを意味するわけではない。Rogers によって論じられた自己実現の欲求のように，自分らしさを感じ，自分らしさを肯定されることを望む。つまり，他にはいないような自分であることを認められ，肯定され，称賛されることとかかわる。逆にそれが認められないとき，または自分が相手より「下」の存在として見られるとき，自己価値が減じて屈辱を覚え，二次的に相手に怒りを覚えたり，自分の価値を認めてくれるような他者を求めるようになる。

　アタッチメントは相手と近づき，安心を求めることを指向するが，アイデンティティは，自分を維持し，自立することを指向する。つまり，自分のキャリアなど，結婚や関係とは切り離せなくとも，それとは時にかかわりもなく，自身の成功や能力をもてることを人は求める。アタッチメントが満たされるとき，安心感が生まれ，そうでないとき，見捨てられ不安や恐怖が起こる。もう一方で，アイデンティティのシステムは，それが満た

されるとき，自己効力感やプライド，活力などのポジティブ感情が生まれ，それが満たされないとき，恥が起こる。それは，自分に価値がないと感じること，無力で，魅力がないという屈辱感などである。アイデンティティの問題はカップルの間では力関係の問題として表れる。つまり，誰が正しいのか，誰が家のなかのルールを決めるのか，という「支配」の問題となりやすい。

　さらに，EFT-C では，魅力－好意という3つ目の動機付けシステムを仮定している（Greenberg & Goldman, 2008）。これは簡単に言うと，好きか嫌いかという形で魅力を感じることに強くかかわる。自分が相手とつながっているか，自分が成功して一人前の人間になるかということとは全く関係なく，単に「好きか嫌いか」「惹かれるか」ということとかかわる。人の性的関心は，背の高い人，お尻の大きい人……といったタイプと好みがある。同時に，「生理的に合わない」という表現があるように，自分の嫌いな匂いや嫌悪を覚える身体的特徴もある。この動機付けシステムは，アタッチメントにより影響を受けることもある。たとえば，好きな人の汚い靴下だからクサくても我慢して洗濯できるとか，食べ物から趣味に至るまで，もともと嫌いだったけれどパートナーが好きだから自分も好きになったなど。しかし，このような自分でも説明できないような「惹かれるもの」に相手とミスマッチがあるとき，またはそれが相手に伝えられないときや，わかってもらえないとき，二人が「惹かれる」ことは難しくなる。そして，相手のことを毛嫌いして，嫌悪の対象となれば，相手に対して恥や怒りが起こり，性的な接近は難しくなる。

　EFT-C によると，セックスの問題は，これら3つの動機付けのシステムによって起こりうる。つまり，二人の間にしっかりと安定し安心できるアタッチメント関係ができていないから，セックスとかかわる問題が起こるというわけではない。相手の下の立場に置かれるのが嫌だ，これだけ家事をしているのに夫の性的な要求にも応えなけれ

ばいけない，感謝の気持ちも伝えられず自分の貢献を認めてくれることもないままで相手に屈するように感じてしまう……というアイデンティティとかかわる問題が根っこにあるかもしれない。または，夫が妻に家族のことを最優先させられ，趣味も諦めさせられているとき，妻から権力を取り戻す手段のひとつとして，性的欲求が抑制されたり，勃起障害が起こり，結果として，妻を性的に拒否することもあろう。あるカップルは，長年，二人三脚で飲食店を営んで，ようやくメディアに取り上げられるまで成功を収めたとき，その取材で夫だけに焦点が当てられ，夫もあたかも自分の力で成し遂げたと言わんばかりにインタビューに答えた。そして，その記事では，妻があたかもアルバイトの女性のような存在としてエキストラのようにほんの少ししか登場しなかった。妻のアイデンティティは傷つけられ，カップルの間に大きな溝ができ，妻の心も体も夫に対して閉ざされてしまった。

　さらにセックスの問題は，魅力・嗜好の問題に起因するかもしれない。私たちの「好み」は気ままで勝手である。どんなに大切な人がいても，目移りはするし，美しい俳優やモデルを見てうっとりすることもあろう。私たちには，自分のスイッチを入れるような美やエロスや興奮の対象がある。そして，新たな対象に対して私たちの「好奇心」や「関心」は向けられる。それらが目に映ると，自然と畏怖の念，憧れ，うっとりする気持ち，興奮などの感情が喚起される。逆に，そのような感情が喚起されなければ性的な魅力をパートナーに抱きにくくなる。また，このような好みなどを相手に伝えたりできないとき，問題が起こりやすい。カップルの間の相互作用に，これら３つの動機付けがかかわり，さらにそれらが感情的なかかわりと性的なかかわりをつないでいることを認識することによって，カップルの間に起こっている困難に対してより多次元的理解が可能となる。

Ⅴ　カップルセラピーにセックスを取り込むために

　人間の性は多様であり，セクシュアリティには，生物学的な側面，心理的側面，感情，性的興奮，社会的側面などがかかわっている。そして，さまざまな社会的通念や道徳，宗教的な考えや実践にも強く影響される。それをカップルの関係においてどのように実現するのか，ということは，カップルセラピーにおいて重要な課題となる。多くのカップルは，日々の生活において起こる感情的衝突や生活の切り盛りが優先であり，ベッドのなかで起こることに全く関心を示さないこともある。「もうそんな年じゃない」「そんなこと考えなくなってから，10年以上経った」などと，その話題自体を跳ね返されてしまうこともあるだろう。当然，カップルが助けを必要とすることを優先して扱うべきであるが，もう一方で，性に関する心理教育も必要である。お互いにふれることの心身の健康への肯定的影響，ストレスの緩和などは，自分のなかで否定してきた，ふれられることへの欲求が肯定されることになり，そこにエネルギーを感じ，またお互いに接近する欲求により素直になれることも少なくない。そのためにも，臨床家が性に関するトピックについて，そしてそれをカップルセラピーへと持ち込むための訓練を積んでいくことが求められる。

　現在，日本で実践・試行されつつあるのは欧米のカップルセラピーモデルである。そこで描かれる「理想的」な関係が現代社会の日本のカップルにそぐわないという意見もあろう。カップル＝夫婦という関係は，時代とともに変わりつつある。最愛の相手と一生お互いを愛し合うというロマンチックな男女関係も，一時代の産物であり，制度として破綻をきたしつつあるという意見も少なくない。セックスの問題について，それを扱う必要性を認識し，そしてそれを扱う困難感を乗り越えていくためにも，一人ひとりの臨床家が自らを性の当事者としても見直し，社会的なジェンダーの

問題に加えて，魅力や欲望というようなテーマについても考えていくことが期待される。

▶ 文献

Barnes MF (1995) Sex therapy in the couples context : Therapy issues of victims of sexual trauma. American Journal of Family Therapy 23-4 ; 351-360. https://doi.org/10.1080/01926189508251365

Emond M, Byers ES, Brassard A et al. (2021) Addressing sexual issues in couples seeking relationship therapy. Sexual and Relationship Therapy. Advance online publication. https://doi.org/10.1080/14681994.2021.1969546

Girard A & Woolley SR (2017) Using emotionally focused therapy to treat sexual desire discrepancy in couples. Journal of Sex & Marital Therapy 43-8 ; 720-735.

Greenberg LS & Goldman RN (2008) Emotion-focused couples therapy : The dynamics of emotion, love, and power. American Psychological Association. https://doi.org/10.1037/11750-000

Greenberg LS & Johnson SM (1988) Emotionally Focused Therapy for Couples. Guilford Press.

Johnson SM (2008) Hold Me Tight. Little, Brown and Company.（岩壁茂 監修，白根伊登恵 訳（2014）私をギュッと抱きしめて―愛を取り戻す七つの会話．金剛出版）

Johnson SM, Simakhodskaya Z & Moran M (2018) Addressing issues of sexuality in couples therapy : Emotionally focused therapy meets sex therapy. Current Sexual Health Reports 10 ; 65-71. https://doi.org/10.1007/s11930-018-0146-5

Kallos-Lilly V & Fitzgerald J (2015) An Emotionally Focused Workbook for Couples : The Two of Us. Routledge.（岩壁茂 監訳，柳沢圭子 訳（2021）カップルのための感情焦点化療法―感情の力で二人の関係を育むワークブック．金剛出版）

Kim JH, Tam WS & Muennig P (2017) Sociodemographic correlates of sexlessness among American adults and associations with self-reported happiness levels : Evidence from the U.S. General Social Survey. Archives of Sexual Behavior 46-8 ; 2403-2415. https://doi.org/10.1007/s10508-017-0968-7

Kinsey AC, Pomeroy WP & Martin CE (1948) Sexual behavior in the human male. In : WB Saunders, WH Masters & VE Johnson (1966) Human Sexual Response. Bantam Books.

Masters WH & Johnson VE (1966) Human Sexual Response. Little, Brown and Company.

Masters WH, Johnson VE & Kolodny RC (1988) Masters and Johnson on Sex and Human Loving. Little, Brown and Company.

Miller SA & Byers ES (2012) Practicing psychologists' sexual intervention self-efficacy and willingness to treat sexual issues. Archives of Sexual Behavior 41-4 ; 1041-1050. https://doi.org/10.1007/s10508-011-9877-3

Neto F & Pinto MdC (2013) The satisfaction with sex life across the adult life span. Social Indicators Research 114-3 ; 767-784. https://doi.org/10.1007/s11205-012-0181-y

大嶋栄子，信田さよ子 編（2023）あたらしいジェンダースタディーズ―転換期を読み解く（臨床心理学増刊第15号）．金剛出版．

瀬地山角（2014）あなたは大丈夫？「セックスレス大国」日本―「性の不満足」は夫婦関係のリスク要因（https://toyokeizai.net/articles/-/52821）．

Spengler PM, Lee NA, Wiebe SA et al. (2022) A comprehensive meta-analysis on the efficacy of emotionally focused couple therapy. Couple and Family Psychology : Research and Practice. Advance online publication. https://doi.org/10.1037/cfp0000233

Træen B & Kvalem IL (2023) The longer it is, the closer one feels : Perception of emotional closeness to the partner, relationship duration, sexual activity, and satisfaction in married and cohabiting persons in Norway. Sexuality & Culture 27 ; 761-785.

Velten J & Margraf J (2017) Satisfaction guaranteed? : How individual, partner, and relationship factors impact sexual satisfaction within partnerships. PloS One 12-2 ; e0172855. https://doi.org/10.1371/journal.pone.0172855

Woldarsky Meneses C & Greenberg LS (2014) Interpersonal forgiveness in emotion-focused couples' therapy : Relating process to outcome. Journal of Marital and Family Therapy 40-1 ; 49-67. https://doi.org/10.1111/j.1752-0606.2012.00330.x

World Health Organization (2002) Sexual Health (https://www.who.int/health-topics/sexual-health).

[特集] カップルセラピーをはじめる！——もしカップルがあなたのもとを訪れたら？

途切れそうな絆を再構築する

アタッチメント基盤の感情焦点化療法（Emotionally Focused Therapy）

高井美帆 Miho Takai

Sky Counseling & Consultation Tokyo

大切な関係性の中でパートナーと繋がることができない時，人は痛みを感じる。その相手が大切な存在であるほどその痛みは一層強くなるだろう。これは人として極めて自然な反応である（Johnson, 2020）。一方で大切なパートナーが繋がりやすく（Accessibility），適切な応答（Responsiveness）をしていて，関係性にしっかりと関わっている（Engagement）時，そこには安心・安全感がもたらされる（Johnson, 2008）。そうした関係では，パートナーは互いを安全基地と捉えて環境への適応能力を高め，外界への探索が可能となる（Bowlby, 1968；Johnson, 2020）。また，相互ケアや充足感のある性的親密さを含む繋がりを促進する（Furrow et al., 2017；Wiebe & Johnson, 2018）。

筆者は，関係修復を希求しカップルセラピーに臨んだカップルを対象に，アタッチメントを基盤とした感情焦点化療法（Emotionally Focused Couple Therapy：EFCT）を用いて，亀裂の入ったカップルの絆の再構築を行っている。本稿では，この絆の再構築のプロセスに向けた EFT の基本的姿勢と主要な取り組みについて，実際のカップルとの面談事例を示しながら紹介する。なお，本稿で紹介する EFT の理論については，より詳しい日本語解説を三田村（2023）で学ぶことができる。

I Emotionally Focused Therapy（EFT）

カップル向け EFT は，感情変容を可能とするヒューマニスティック・アプローチとして Leslie Greenberg 博士の指導の下，Sue Johnson 博士の博士論文のテーマとして開発された（Greenberg & Johnson, 1988；三田村，2023）。後に，Johnson（2020）により大人のアタッチメント科学の観点から多数の実証研究を経て発展が重ねられ，EFT は，個人や家族向けも対象とするが，特にカップル向け心理療法として幅広く知られるようになる。

アタッチメント・ニーズは普遍的と言われるが，感情や愛情の表現方法は文化や個人によって異なる。EFT は開発当初，一対一の白人異性間カップルを研究対象としていたが，すでに多様な民族的，文化的背景を持つカップル，同性カップルに適用され，効果が実証されている（Johnson et al., 2023）。他国では LGBTQIA+ カップル向け EFT 研修，また，ポリアマラスなどのリレーションシップの介入に特化したスーパービジョンが実施されている。

II　EFT の基本的姿勢と主要な取り組み

EFT は関係性をアタッチメントの観点から捉え，パートナー同士が安全感の中で感情的関与のある対話を重ねながら修正感情体験を重ねることにより絆を再構築し，その過程で個人の自己観や他者観を含む内的作業モデルの変容を可能にする手法である。EFT はうつ，不安，心的外傷後ストレスへの効果が実証されている一方で，セラピスト（以下，TH）はクライエント（以下，CL）の行動を病理として捉えるのではなく，アタッチメントの脅威に対する対処策として解釈する（Johnson, 2020）。TH には共感的かつ肯定的で，CL 各々の体験や感情はその個人の体験の中で理に適ったものであると認める姿勢が求められる。TH は，EFT における 3 つのステージ（ステージ 1：サイクルの勢いを緩和する，ステージ 2：絆の再構築，ステージ 3：安全な関わりの定着）と 9 つのステップで構成される変容プロセスの地図をもとに，全ての過程で使用される「EFT タンゴ」と呼ばれる 5 つの動き（タンゴ 1："今ここで"起きている体験に焦点をあてる，タンゴ 2：心奥にある一次感情または新しい感情を探る，タンゴ 3：エナクトメントを使い一次感情や体験を共有する，タンゴ 4：エナクトメントの対話の体験をプロセスする，5：メタ視点を使い体験をしっかりと認める／まとめる）を使用する。

III　取り組み 1：関係性のサイクル（関わりのパターン）を特定する

苦悩を伴う関係性には，次の関わりの組み合わせが観察される——パートナーの回避的な行動を発端とした不安や恐怖が，パートナーへの抗議や批判として表出される傾向のある「追いかける人」と，争いに陥る脅威やパートナーの追求に圧倒され，相手を物理的に回避したり過度に解決思考に頼り感情的関与を避けがちな「引き下がる人」である（Gottman, 1993）。パートナーとの関わりがネガティブなサイクルに入っている時，人はア

タッチメントの脅威への対処方法として，幼児期に養育者との関係性の中で体得した，追いかける，引き下がる，あるいはこの 2 つの動きを含む習慣的行動を選択する傾向がある。そこで，TH は CL の体験をコマ送りするようにトラック（追跡）し，CL 各々の反応がカップルとしてのサイクルをどのように形成しているか，サイクルを特定し明確化する（Kallos-Lilly & Fitzgerald, 2015）。

IV　取り組み 2：一次・二次感情の識別と一次感情の体験化（タンゴ 1~5 を使う）

安全性が脅かされたネガティブサイクルの発生下では，大切なパートナーとの絆の断絶により心奥に存在する「一次感情」（例：悲しみ，孤独感，見捨てられ恐怖，恥など）は，身体・思考反応とともに，反射的および防御的に表出される表層的な「二次感情」（例：怒り，不満，苛立ちなど）として表現される傾向がある[注]。この二次感情による相互反応により，ネガティブサイクルの勢いは増幅する。カップルがサイクルから脱け出し，引き下がらなくても追いかけなくてもよいような安全感の中で一次感情を体験しながら語ることを可能とするために，EFT タンゴや共感的推測，アタッチメントリフレーミング，感情を喚起する問いかけを使い，感情体験を拡げ深める。そして一次感情を通じた対話を促すエナクトメントを行い，修正感情体験の場面を創出する。ステージ 1 では，その修正感情体験と新しいメタ的な視点によるサイクルや互いの立ち位置に対する理解を，体験を通じて深め，サイクルの勢いを緩和する第一次変化を促す。

逐語事例抜粋①——ステージ 1 の「サイクルの勢いを緩和する」より"サイクルを特定する"と"引き下がる人の再関与"の手続き

上記の 2 つの取り組みがどのようなものか，そ

注）「怒り」はしばしば二次感情として表出されるが，一次感情としての怒りも存在する。

のごく一部を逐語事例抜粋①として紹介する。なお，本稿で扱う事例は，面談開始当初は「関係解消」という表現が頻繁に聞かれた，出生・養育地が日本の異性間カップルとの実際のやりとりの一部をもとにしたものである。パートナー双方から同意を得て，ここに掲載する。それぞれの逐語記録において，「A」は追いかける人，「B」は引き下がる人，【　】内はEFTの介入を示す。なお，バリデーション（承認）とは，「個々の体験や感情はその人の体験の中で理に適ったものであるとしっかりと認める」という意味である。

A：自分が馬鹿みたいです。あんなに色々あったのにこっちばっかり必死になって……（涙）Bはほら……今だってうんともすんとも言わないし，こっちを見すらしない。

TH：Aさんが今，ちらっとBさんを見たら，Aさんを見ていないBさんが見えた……「自分が馬鹿みたい……こっちばっかり必死になって……」。Aさんにとって大切なBさんが見てくれていないのを見るとどう感じますか？「馬鹿みたい」の奥にはどんな感情がありそうですか？【アタッチメントリフレームを使いながら深層感情へ焦点化する】

A：……悲しいです……すごく悲しい（涙）。ずっとこれの繰り返しですから。

TH：あぁ。悲しい。すごく悲しい。そうですよね。「私の声は届いているの？　何も反応がないと何が起きているかわからなくて悲しい……」。今涙が溢れてきているようですが，この瞬間，涙と一緒にどんな気持ちが湧いてきていますか？【アタッチメントリフレーム，バリデーション，「代理の声」を使いながら，"今ここで"の深層感情に焦点化する】

A：不安も……かな……。私って一体何なんだろう？とか……（涙）

TH：あぁ。そうなんですね。不安を感じる……。Aさんは，Bさんの溜息を聞くと胸の辺りがぎゅっと緊張して，腹立たしさとともに「私は一体何？」ってBさんに問いかける……。AさんにとってBさんの溜息にはそれだけ大きな威力

がある……。そして（Aさんが）腹立たしさで問いかければ問いかけるほど，Bさんには腹立たしさしか見えなくて遠ざかる……。そしてBさんが無言で遠くへ行けば行くほど，Aさんは「私は大切なの？」と不安になる……これがお二人に今も起きているサイクルですか？　お互いを大切に思っているのに，サイクルに入ると繋がれない。合っていますか？【パートナーの言動がトリガーとなり，どのような個人の身体反応，大脳辺縁系の評価，二次・一次感情の体験，行動傾向に繋がっているか，個人の反応がどのようにパートナーとの相互反応によってサイクル形成に繋がっているか，共感的推測を使い明確化する】

［中略］

B：「できない，できない」って言われるのは空しいだけですから。

TH：あぁ。そうなんですね。大切なAさんにまた「できない，できない」と責められたと思うと？何の解決策も思い浮かばないし，空しくなって，ここから心がさーっと居なくなる？　合っていますか？（胸の辺りに手を当てて）今，身体で何を感じていますか？【アタッチメントリフレームを用いて，一次感情と行動傾向を繋げ，身体反応へ焦点化する】

B：何も……（しばらく沈黙）……いや，苦しい……かな。胸とか肩の辺りが緊張している（胸と肩を指す）。

TH：苦しい……苦しいですよね（胸に手を当てる）。BさんはAさんとの関係を何とかしたくて嫌だったセッションに来られた。でも（何か）言っても言わなくても責められる感じがすると，身体が強張って（肩をすくめる），解決策が見つからなくて，苦しくて心がここから居なくなる。今この瞬間どんな気持ちでしょう？【バリデートしながら感情へ焦点化する】

B：（沈黙）……怖い……かな。

TH：あぁ……。怖くて……それでここから居なくなる。【スローダウンする】そうですよね。Bさん（胸の辺りに手を当てて，感情が今ここに存在していることを認めながら）。Bさんの今感じている苦しい感じ……怖い気持ちをAさんに伝えていただけますか？【引き下がる人の体験を，一次感情と身体反応，行動傾向への繋がりをリフレ

クトしながら明確化し，体験化された一次感情を
パートナーにエナクトメントする】

Ⅴ　取り組み３：感情体験を伴う
新しい対話を通じた絆の再構築

　EFT の取り組みの７割を占めるステージ１の
「サイクルの勢いの緩和」により，追いかける，
引き下がるという動的機能を持つサイクルの勢
いが緩和され，第一次変化が生じる。続くステー
ジ２の「絆の再構築」で「引き下がる人の再関
与」「追いかける人の軟化」が効果的に行われれ
ば，第二次変化が促進され，当初は防御的で引き
下がっていた CL も引き下がることなく一次感情
を深く感じることが可能となり，パートナーの引
き下がりに抗議していた追いかける CL は，見捨
てられ不安に基づく行動を調節することができる
ようになる。そして両者とも，幼少期から長期間，
あるいは親密な関係性の歴史において「満たされ
てこなかったアタッチメントのニーズ」をパート
ナーに伝えることができるようになる（Wiebe &
Johnson, 2018）。

逐語事例抜粋②──ステージ２の「絆の再構築」
より "追いかける人の軟化" の手続き

　以下，ステージ２の「絆の再構築」で実施され
る上記の取り組み３の一部を，抜粋した逐語記録
を提示し紹介する。ステージ１を経て，引き下が
る人は感情的に再関与している状態である。

　TH：B さんが A さんの方をしっかり向いて話して
　　くれると少し安心する……でも慣れない……どこ
　　かへ行っちゃうかもしれないと思うと……。一旦
　　安心して，それで居なくなったら……というよう
　　な？　間違っていたら教えてください。【バリデー
　　ション，共感的推測】
　A：（頷く）
　TH：その感覚を，B さんに伝えてみてくださいま
　　すか？【エナクトメント】
　A：（頷く。B を少し見て）何か，あなたが私を見
　　ながらそうやって話していると，安心するような

……でもまたあの時みたいに気が付いたら居なく
なっちゃってたら……信じて……またいなくなっ
たら……

　TH：A さん，今話していてどんな気持ちですか？
　A：怖い……です（涙）。
　B：（微笑）そうなんだね。そりゃあ確かに怖いか
　　もしれないね。私もいつも外さない自信はないし。
　TH：A さん，B さんの応えを聞いてどう感じてい
　　ますか？【感情への焦点化】
　A：ちょっと怖かったです。でも B が私を否定しな
　　かった。私の不安を認めてくれたような……。びっ
　　くりしたのと……ちょっと嬉しいのと……（涙）
　TH：あぁ。B さんが A さんの体験を認めてくれる
　　のは，驚きもあるし嬉しい。涙と一緒に自然に微
　　笑みが出てくる。でも怖い気持ちもある。そうで
　　すよね。今までとは違うサイクルをお二人は作ら
　　れている。お二人が相手の体験にしっかり耳を傾
　　けて，お二人とも一次感情を共有されている。素
　　晴らしいですね。でもまだ不安もある。B さんは
　　今どう感じていますか？【バリデーションを使い
　　ながら，"今ここで" 一次感情へ焦点化する】
　B：A も怖いんだなと。そりゃそうだなと思ったら
　　……何だか少し安心しました。A が私を責め続け
　　てる時，私は責められてるってことしか頭になく
　　て……A が私と繋がりたいと私に言っていたとは
　　……
　TH：B さん，素晴らしいですね。「今は，あなたの
　　心の声が聞こえる」と言っているんですか？　間
　　違っていたら教えてください。今この瞬間どう感
　　じていますか？【"代理の声"，アタッチメントリ
　　フレーム，共感的推測を使いながら感情へ焦点化
　　する】
　B：（TH と A の顔を見ながら頷く）嬉しいです。（A
　　の方を向いて）あなたは繋がりたい……？　繋が
　　るって良く分からないけど……あなたの声は……
　　聞こえています（微笑）。それに……私も不安と
　　いえば不安。
　TH：A さんは今この瞬間，何を感じていますか？
　　【"今ここで" 感情への焦点化】
　A：（頷きながら涙）初めてです。こんな言葉を聞
　　くのは……。嬉しい（涙と微笑み）。不安だと言っ
　　てくれたことも。心の内を見せてくれたみたいで。
　TH：あぁ。「怖いけれど……あなたに私の気持ちが

届いていて……あなたが私に心を開いてくれると……嬉しい……」。お二人とも，素晴らしいですね。Ａさん，ＢさんがＡさんに心を開いてくれることはどんな意味を持ちますか？【"代理の声"を使い，バリデーションを行い，意味づけの探求】

Ａ：私を大事に思ってくれてるのかな……まだすごく怖いんですけど，少しだけ信用してもいいのかな……

【ステージ２では，引き下がる人が関係性に再関与している安心感に支えられ，追いかける人はパートナーに向きがちな焦点を自身に向けることができはじめる。自己観／他者観の変容が始まる】

VI　変容——感情体験そして修正感情体験へ

EFT では，パートナーとの関係性（between）と個人の内部（within）の変容が，TH のサポートを得ながら有機的に発生することを目指す。TH が CL と協働で創出するパートナーとの感情的関与のある相互対話を通じた修正感情体験は，CL の習慣的行動反応からカップルを解放し，安全感の高い自己と他者との関わりを通じて，個人の内的作業モデルを変容させる。この修正感情体験がメタ的な視点から新たな体験として個人の中で統合される時，EFT の取り組みは "人は不完全である，だからこそ愛おしい" といった自己と他者の深い受容と変容をも可能にするだろう。

▶謝辞

本稿記載にあたり，立命館大学総合心理学部の三田村仰先生に多大なご助言と温かく寛容で辛抱強いサポートをいただきました。心より感謝申し上げます。

▶文献

Bowlby J（1968）Attachment and Loss. Vol.1 : Attachment. Basic Books.

Furrow J, Lee N & Myung HS（2017）Emotionally focused couples therapy. In : MD Reiter & RJ Chenail（Eds）Constructivist, Critical, and Integrative Approaches to Couples Counseling. New York, NY : Routledge, pp.15-45.

Gottman JM（1993）A theory of marital dissolution and stability. Journal of Family Psychology 7-1 ; 57-75.

Greenberg LS & Johnson SM（1988）Emotionally Focused Therapy for Couples. New York, NY : Guilford Press.

Johnson S（2008）Hold Me Tight : Seven Conversations for a Lifetime of Love. New York, NY : Little, Brown and Company.（岩壁茂 監修，白根伊登恵 訳（2014）私をギュッと抱きしめて—愛を取り戻す七つの会話．金剛出版）

Johnson S（2018）Attachment Theory in Practice : Emotionally Focused Therapy（EFT）with Individuals, Couples, and Families. New York, NY : Guilford Press.

Johnson SM（2020）The Practice of Emotionally Focused Couple Therapy : Creating Connection. 3rd Edition. New York, NY : Routledge.

Johnson SM, Wiebe SA & Allan R（2023）Emotionally focused couple therapy. In : JL Lebow & DK Snyder（Eds）Clinical Handbook of Couple Therapy. 6th Edition. New York, NY : Guilford Press.

Kallos-Lilly V & Fitzgerald J（2015）An Emotionally Focused Workbook for Couples : The Two of Us. New York, NY : Routledge/Taylor & Francis Group.（岩壁茂 監訳，柳沢圭子 訳（2021）カップルのための感情焦点化療法—感情の力で二人の関係を育むワークブック．金剛出版）

三田村仰（2023）感情焦点化カップルセラピー（2）—アタッチメントを基盤としたジョンソン版 EFT．こころの科学 230 ; 106-112.

Wiebe SA & Johnson SM（2018）Emotionally focused couple therapy. In : J Lebow, A Chambers & D Breunlin（Eds）Encyclopedia of Couple and Family Therapy. Cham, Switzerland : Springer Science and Business Media.

［特集］カップルセラピーをはじめる！──もしカップルがあなたのもとを訪れたら？

夫婦同席面接の効用と課題

家庭裁判所における同席調停・同席面接を考える

橋本和明 Kazuaki Hashimoto

国際医療福祉大学

I　ある夫婦同席調停についての回想

私が家裁調査官をしていたずいぶん昔の夫婦関係調整事件についての回想である。申立人である妻は相手方である夫の暴力から逃れるために家を出て，住所を秘して家裁に離婚調停の申立てをしてきた。第1回目の調停にあたり，紛争がこじれていることや妻の身の危険も案じられたことから，家裁調査官である私は，その調停に立会するよう家事審判官（以下，裁判官と記載）から命じられた。ただ，その裁判官は同席調停を積極的に行う人であり，この時も調停委員や私との事前の打ち合わせで，調停の当初から夫婦を同席させ，話し合いを進めていく方針が示された。

ここで言うところの同席調停とは，家事事件の調停において申立人と相手方の対立当事者を，裁判官や調停委員，家裁調査官の前で同席させ，協議を進める方法である。いわば双方の当事者と別々に面接するのではなく，同じ部屋でしかも合同で面接する調停のことである。通常の調停では，最初は事件を申し立てた申立人の方から紛争の経緯や主張などを聞き，その間は相手方に待合室等で待っていてもらう。次に申立人と交替して相手方に入室してもらい，その言い分や主張を聞く。

このような調停の進め方（ここでは同席調停に対して，交互調停と便宜上記載する）が一般的である。そして，互いの主張などが調停委員等から対立当事者に伝えられ，調整を図りながら折り合い地点を見つけていく。最終的に合意に至れば双方の当事者に同席してもらい，調停条項の確認をして調停を成立させる。もちろん，何度かの話し合いをしたにもかかわらず合意に至らなければ，調停は不成立となる。

このケースにおいては当事者が同席して調停をすることになっていたので，関与を命じられた私としては，調停中に夫が興奮して妻に危害を加えないだろうか，妻自身も恐怖心を持っている夫に言いたいことが本当に言えるのだろうかと心配した。そんな緊張をしている私のところに，妻は調停直前に顔色を変えて，「家裁の駐車場に夫の舎弟がたくさんいる。調停の帰りに私を拉致するに違いない。どうすればよいのか」と救済を求めにきた。実はこの夫は今で言うところの反社会勢力の組長で，妻が申告してきたように，夫は行方を隠している妻をこの機会に連れ戻そうとしているとも考えられた。そこで，私はすぐにその旨を裁判官に報告し，調停では同席は避け，終了後は妻を裏口から先に帰すのがよいのではないかと進言

した。ところが，その裁判官は先に妻を帰すことには賛成したものの，同席調停を実施する意向を変えず，私は渋々それに応じることとなった。私はそれまでにも数え切れないぐらい調停に立ち会った経験はあったが，これほどまで緊張感と危機感を抱いた調停はなかった。

同席での調停が始まり，妻は身を縮めるようにして座り，決して夫の方を向こうともしなかった。夫はというと，意外にも紳士的で，言葉遣いも丁寧で比較的冷静であった。そんななか，これまでの夫婦関係における紛争の経緯や本件についての互いの意向を述べ合った。裁判官をはじめ，調停委員や私は両者の考えにしっかり耳を傾け，第1回目の調停は一旦そこで終わろうとしていた。すると裁判官が「申立人は住所を秘しているが，この後，後をつけ回したり，強引に連れ戻そうとは決してしないこと」を毅然として夫に告げた。すると夫の方も直接調停で妻の言い分を聞けたこと，自分の言い分を直接妻に話せたこともあってか，この裁判官の注意に従うことを約束した。私は調停が始まるまではどのような展開になるか戦々恐々としていたが，第1回目の調停は無事終了し，問題も起きなかった。その後も2回，3回と調停が重ねられ，その都度裁判官と調停委員が双方の当事者の気持ちを汲みながら進行し，最終的には離婚調停が成立したのであった。

通常であれば，このようなケースは同席でなくても話し合いがうまくいかず，互いの主張が物別れになり，調停が不成立になって，その後は離婚裁判に持ち込まれる可能性が想定される。しかし，私はこのケースに関与し，相当に対立した当事者であったとしても話し合うことにより解決の道筋が生まれること，そして，その環境をいかに整えるべきか，そこに介入する人々のありようの大切さを思い知った。この経験をしたこともあって，私はそれまで消極的であった同席調停を積極的に実施するようになっていった。

ここからは，同席調停と交互調停，あるいは同席面接と交互面接のメリット，デメリットはどこにあるのかを考えてみたい。

II 同席調停・同席面接のデメリット

1 対立激化を招きやすい

なんらかの葛藤や紛争を抱えた夫婦が心理職のもとを訪れ，心理的支援を求めることがある。その際，カップルセラピーのように夫婦同席で面接が実施されることは珍しくはない。しかし，家事事件のように，その紛争が相当にこじれて激化し，もはや自分たちで収拾がつかずに公的機関の援助を求めてきているとなると少し意味合いが違う。そのようなケースに安易に同席調停を促すと，火に油を注ぐかのように紛争を悪化させ，ますます解決から遠ざけてしまう。そうならないために，一人ひとり個別に話を聴く交互面接の方式の方が有効で安全である。つまり，「対立をこれ以上こじらせないように，まずはお一人ずつ話を聴きましょう」という提案である。

2 相手のことが気になり思うように話せない

対立当事者とは別席で，自分自身の話を個別に聴いてくれる構造を用意しておくと，通常は相手に遠慮なく思ったことが言え，主義主張も比較的自由に話せるというメリットがある。逆に，目の前に対立当事者がいて，そこで自分の主義主張を話さなければならないと，相手の反論が気になったり，相手の視線や態度がちらつき，思うように話せないというデメリットもある。

3 トラウマの再現など傷付きが深くなる

先のケースのように，対立当事者が同席する場面はかなり緊張を伴う。そうでなくとも，これまで対立当事者に嫌な目を散々受けてきて，今さら話し合いなんてできないと思っている人も少なくない。それに加えて，同席面接の場面で，相手の怒りや無神経な言動を再度目の当たりにすると，さらなる傷付きとなってしまう懸念もある。相手の言動がすでにトラウマを生んでいる場合などはなおさら深刻である。それゆえ傷付きを最小限に

するために，対立当事者とは顔を合わさないという選択がなされる。

III　同席調停・同席面接のメリット

1　双方の当事者の信頼感を得やすい

　話を聴く側としては，分け隔てなく公平・中立に対応をしているつもりであっても，当事者からすると，対立当事者の方に肩入れしているなどと不信感を抱きやすい。時には，当事者は「調停というから相手と話ができると思ってきたのに，直接話をさせてもらえない。また，調停委員からの伝聞でしか相手の言い分を聞かせてもらえない。本当に相手はそんなことを言っているのか疑問で，自分で相手に確かめたい」などと不満を口にすることもある。つまり，交互調停の場合，その構造自体が不信感につながりやすい。それに対して，同席の場合は，そのような心配を抱かせることは少なくなり，こちら側への当事者の不信感を払拭しやすいというメリットがある。

2　事実の究明に適している

　紛争中の夫婦の場合，紛争のきっかけとなった出来事がある。しかし，そこに互いの認知のあり方の違いや感情のもつれが交錯し，聞き手には何が本当の事実なのかわからないことが往々にしてある。このように事実の究明をしなければならない場面においては，当事者双方が同席である方が望ましい。交互に当事者から話を聴くと，事実とはほど遠い自分勝手な思い込みなどが混じってきたり，話が誇張されて語られたりしやすい。裁判においては原告と被告が同じ法廷で，しかも対立構造で主張を述べ合うが，それは実はその方が事実の究明には適しているからである。交互の調停や面接では事実の究明ができないわけではないが，面接者が当事者の言い分や主張を相手に伝える際，紛争を激化させないようオブラートに包んで伝えたりしてしまう。そうなると，逆に事実がますます見えなくなり，当事者からの信頼感も薄れてしまう。

　先のケースにおいても，当初妻の側は同席による不安や恐怖は相当に高かったが，直接相手と話すことによって，過剰な心配はやや軽減された。夫自身もそれまで持っていた妻への怒りを収めたところがあった。なぜなら，この直接的なコミュニケーションによってリアリティが感じられたからだろう。

3　コミュニケーションの糸口を見つけられる

　家裁に来る当事者の中には，もはやコミュニケーションの糸口さえも見失っているケースも少なくない。そんな時に同席調停・同席面接を求められると，何をどこから話せばいいのかすら考えが及ばず，双方が沈黙するか，一方当事者だけが話し続けてしまう。つまり，夫婦間のコミュニケーションが成り立たないのである。あるいは，もはや話し合うことすら諦めていたりすると，面接そのものへの動機付けが乏しく，とても建設的なコミュニケーションにはなりにくい。

　しかし，当事者だけではうまくいかないとしても，支援者の介入があると少し意味合いが変わってくることもある。

　支援者が双方の雰囲気をうまく察知し，話し合える雰囲気を作ったり，そのきっかけを作ることで当事者の口元が緩み，話しはじめられるようになる場合も少なくない。また当初は，対立当事者の意向を聞いて，こちらの主張を負けじと述べたり，当事者同士が相手の顔さえ見ずに支援者の方にばかり向いていたものが，しだいに相手の方を向いて語り出すこともある。時には，その場に支援者がいることも忘れて，当事者間で話が紛糾することもある。それが当事者にとって望ましい結果にならないこともあるが，「しばらくあんな風にあの人（対立当事者）と話をすることもなかったが，今回同席となってまだ話し合いができると感じた」「調停委員や家裁調査官が相手にうまく相づちを打って話を聞き出したり，内面にある思いを吐き出させるのを見て勉強になった。あんな風にしたら，相手は自分の気持ちをうまく語れ

て，こちらも真意がつかめるのだと感じた」という感想を終了後に述べる人もいる。おそらく同席面接が互いのコミュニケーションの糸口を見つけるきっかけになったのであろう。

4　早期の問題解決に適している

　先にも述べたように，交互の調停や面接ではどうしても当事者間でのやりとりが支援者を介する間接的なものとなり，時間がかかるうえ，問題解決という点から見ても効果を生みにくい。時には当事者が支援者に依存し，自分の問題として主体的に解決する力を引き出せなくなってしまう。それに引き換え，同席の場合は交互の場合に比べて比較的短期間で決着が付きやすい。例えば，離婚をしたいとは言うものの，まだ自分に未練があるのだろうと夫は高をくくっていたが，同席した妻の表情や態度にはそんなことは微塵も感じられず，離婚の意思を固めていることがわかる。それを知った夫も離婚をする決意を固めたケースなどはその典型かもしれない。

Ⅳ　同席調停・同席面接における支援の技術

1　動機付けの促進とエンパワーメント

　同席面接が交互面接あるいは単独面接と違うところは，当事者のパワーがそれなりに必要であるという点にある。当事者が対立当事者と対面するには，緊張も高まり，それなりの覚悟も必要である。当事者のパワーがそもそもなければ，コミュニケーションが成り立たないばかりか，その場の雰囲気に圧倒される。パワーが枯渇している当事者にとっては，時にはトラウマの再現のような事態に陥り，傷付く危険さえある。

　そこで，支援者としては同席面接に際して，当事者のパワーを引き出すかかわりが何より重要となる。具体的には，当事者の気持ちを理解し受容することはもちろん，これはあくまで自分たちの問題であり，問題解決を避けたり先延ばしにしたりしてはいつまでも前に進めないことを当事者に理解してもらうことも必要になる。そうした動機

付けを高め，できたところを評価し，なお一層のエンパワーメントに努めていく。

　ただ，どうしてもパワーが高められない当事者もおり，その場合は同席面接は時期尚早で，単独での面接を実施しながら回復を待つ方がよいかもしれない。

　同席面接を成功させるためには，要するに当事者双方のパワーバランスが必要で，それがうまくいかないと対立当事者から圧倒されたという被害の感覚が生じやすい。話し合いが建設的な方向に行くためには，当事者のパワーがないと進まないし，一方の当事者のパワーが強すぎてもうまくいかない。支援者が当事者のパワーをうまくバランスを保ちながら引き出せるのかが成否を分かつ。

　さらに言えば，当事者だけでなく支援者自身のエンパワーメントも欠かせない。目の前に繰り広げられる当事者の激しいやりとりに支援者が圧倒されると，どのように介入していけばいいのかさえ見失ってしまう。特に，同席面接の初期には支援者がある程度の舵取りをしなければならないこともあり，なおさら支援者のパワーが求められる。そうでなければ，方角を見失って荒波を漂流する小舟のような状態に陥ってしまう。先のケースでは，裁判官が毅然とした態度で対応したが，パワーを持っていたからこその対応だったと言える。

2　双方の信頼関係の構築

　当事者と支援者の二者関係における信頼関係の構築もたやすいわけではないが，それが対立する当事者での三者関係となると信頼関係の構築はより困難となる。時には，一方当事者が支援者を取り込もうとしたり，当事者間で話が思うように展開しないと，その不満や怒りを支援者にぶつけてきたりもする。いわゆる転移が生じやすい。そんな時，一方当事者が支援者に対して，「同席面接以外でも私の話を聞いてほしい」と言って，別期日での単独面接を要望したり，同席面接を欠席したり拒否することもある。そんな動きの中で，支援者は知らず知らずのうちに一方の当事者に引き

寄せられてしまう。そうならないためにも，安易に一方だけの当事者の要望に応えるのではなく，あくまで同席面接の中でその要望を充足する方策を考えなければならない。言い換えれば，同席面接という治療構造が壊されそうな時こそ，支援者の力量が問われるのである。

3　支援者のバランス感覚

　同席面接でもっとも支援者が気を遣い，しかも難しい局面に追い込まれるのは，自分の立ち位置を見失い，バランス感覚を失ってしまう時である。どちらの当事者に肩入れするわけでもなく，自分としては公平・中立を意識してきたのに，どちらかの当事者，あるいは双方の当事者から信頼感を得られない。結果的には問題解決ができぬまま，同席面接の先も見えずに，終了を余儀なくされる。そのようなケースをよく見ると，支援者のかかわりがどこかバランス感覚を欠き，双方の当事者への介入や対応が不十分であったりする。

　では，双方の当事者の中間点に立ち，そこを堅持したらうまくいくかというと，実際にはそうでもない。物差しで測ったような中立的ポジションなど現実的ではない。そんな事態に陥った際，"やじろべえの原理"をイメージするとよい。やじろべえの支点を指で探そうとする時，左右のおもりが上下に揺れながら，それに合わせて視点も左に寄ったり右に寄ったりする。瞬時に支点を見つけることはむずかしくても，最終的にはバランスが

保てる支点を見つけていく。同席面接においても同じことが言える。一方当事者の話に耳を傾けながらそちら側に寄り，他方当事者の話を聴くとこちら側に寄りながら面接を進める。それを繰り返しながら一番よい支点を定めていくとよい。支援者が中立的な立ち位置ばかりを気にしていたのでは，当事者への受容も共感も中途半端になる。支援者がバランスを崩さない程度に双方の当事者の方に適度に揺れることはしごく当たり前で，逆にそれが当事者からの信頼を得ることにもつながる。

V　まとめ

　家裁の調停場面や，私のこれまでの夫婦同席面接での臨床をもとに，同席面接のメリット／デメリットや，支援の技術について述べてきた。同席面接には，個人面接にはないむずかしさがある反面，夫婦の妙というか，おもしろさもその面接から学ぶことがある。そして，ここに挙げた支援の技術はもっとも基本的であるが重要と考えたことであり，実際にはもっと細かい気配りや介入の方法が必要であることは言うまでもない。実際に同席面接を経験しながら学んでもらいたい。

▶文献
井垣康弘（1993）夫婦同席調停の活用について．ケース研究 236；70-88.
豊田洋子（1999）合同面接・同席調停の技法について―家裁調査官の経験から．In：井上治典，佐藤彰 編：現代調停の技法―司法の未来．判例タイムズ社，pp.120-141.

[特集] カップルセラピーをはじめる！——もしカップルがあなたのもとを訪れたら？

産後クライシスの予防に向けた妊娠中からのカップルセラピー

中島久美子 Kumiko Nakajima

群馬パース大学看護学部

I　はじめに

　近年の少子化，晩婚・晩産化，妊娠先行型結婚などの家族形態の変化に伴い，夫婦の関係性は多様化している。そして，妊娠期から産後における親への移行期は，家族発達段階の新たなステージへの移行期でもあり，夫婦は発達的危機に直面しやすい状況にある。子どもを迎える夫婦にとって「子どもの存在が夫婦を引き離す」という Belsky（ベルスキー・ケリー，1995）の研究は，その後，国内においても NHK 総合テレビ「産後クライシス」の報道で一躍，話題となった（内田・坪井，2013）。産後クライシスは，出産を機に，妻に家事・育児の過重負担が生じ，夫の理解が得られないことから夫婦関係が悪化する危機的状態である。夫婦関係の危機的状態が修復できず，妻の家事・育児のストレスが増大し精神的不健康な状態に陥ると，産後うつや子どもへの虐待に繋がる可能性があり問題となる。臨床心理学の領域のみならず，周産期医療の領域においても，親への移行期の夫婦を対象としたカップルセラピー（夫婦面接）は重要な視点と言える。

　これまでのカップルセラピーは，夫婦の親密性を促進させることよりも，夫婦の関係性の葛藤を軽減することに重点を置いてきた歴史がある。カップルセラピーの特徴は，①夫婦の関係性の危機，つまりは離婚率の上昇を抑え，②夫婦の関係性の悪化によるパートナーのうつ病などの精神的不健康を軽減させ，さらには子どもへの悪影響を抑える，そして，③良好なパートナーシップの効果が期待できる，といった特徴をもつ（Lebow & Snyder, 2022）。このようなカップルセラピーが果たす役割は，とりわけ親への移行期の夫婦にとって重要であることは言うまでもない。

　筆者は，カップルセラピーの特徴のひとつである夫婦のパートナーシップを促進させ，産後クライシスの予防に重点を置いて妊娠中から夫婦に関わっている。助産師として親への移行期における夫婦の関係性を支援するプログラムを開発し，少人数クラスを実践してきた。また，助産師養成大学の教員として学生と共に妊娠中から継続的に夫婦に関わり助産ケアを実践してきた。本稿では，これまでのカップルセラピーではどちらかというと重視されてこなかった，親への移行期にある夫婦のパートナーシップを育む支援について，筆者がこれまでに実践してきたことを助産師の立場から述べていきたい。

II　助産師が担う夫婦支援の現状と課題

　助産師が担うケアの対象は妊産褥婦や母子が中心となることが多い。病産院で行われる集団教育や個別指導の多くは，夫婦が希望した場合に限定され，その内容は夫婦の親準備性を育む支援が中心となる。そのため，子どもを迎える夫婦のパートナーシップを育む支援は，ほとんど実践されてこなかった。

　一方で周産期メンタルヘルスの観点から，現在では産後女性のうつ病のスクリーニング方法として，エジンバラ産後うつ質問票（Edinburgh Postnatal Depression Scale：EPDS）が使用され，早期介入が実施されている。助産師は，母親の産後うつの発症を減少させるには，妊娠期から産後うつ傾向を予測するとともに予防的ケアの必要性を認識している。しかし，助産師による産後のメンタルヘルスケアの多くは，産後の母親を対象とし，育児による心身の疲労軽減のために休息ケアを行う場合が多い。産後うつの要因に夫婦関係が顕在化されている場合においても，臨床現場の多重業務のなかで妊娠中から直接的に夫婦関係に介入することは現実的に難しいと言えるだろう。助産師は，妊娠期から産褥期まで継続して関わる専門家であるため，妊産婦・母親への精神的支援だけでなく，夫婦の関係性への支援を実践していくことが望まれる。

III　親への移行期における夫婦の関係性が変化する様相

　筆者は，親への移行期において，どのような夫婦が産後に良好な関係性を構築し，どのような夫婦が産後クライシスに移行する予備軍の可能性があるのかを探るために，妊娠中から産後3カ月までの縦断的な面接調査を行い夫婦の関係性の変化について検討した（中島ほか，2021）。その結果はBelskyの研究と同様に，関係性向上タイプ，維持タイプ，低下タイプに分類された。特に明確であった向上タイプと低下タイプの事例を通して夫婦の関係性が変化する様相を述べていきたい。

　まず，向上タイプの夫婦の事例は，産後の家事・育児を夫婦のチームワークで乗り切り，夫婦が互いに感謝の気持ちを抱くことができていた。夫は，「昼間は妻が見てくれている分，私は仕事から帰ったら頑張ろうという感じです。子育ては，二人でやればきつくないし，一人で全部やろうと思ったら大変です。二人だからまだ頑張れる」と語り，妻は，「全部，想定の範囲内で起こっているので，チームワーク良く夫婦でできています」と語った。向上タイプの夫婦は，産後に増大する家事・育児の負担感に対して「夫婦が苦労を共にできる」といった夫婦の連帯性と親密性を深める変化の様相を示していた。

　一方，低下タイプの夫婦の事例では，夫は子どもが生まれても生活や態度が変わらず，妻は子どもが生まれても変わらない夫の態度に憤りを感じていた。妻は，「1カ月を過ぎた頃から『いつ頃，里帰りから戻ろうか』と何度も言っているのですが，『まだ，いいよ』と言われて，3カ月も経ってしまい，夫が今まで通りの，のんびりした生活を送っていることを腹ただしく思いました。このままだと子どもは主人に人見知りが始まってしまうかもしれない」と語り，夫は「子どもができたから妊娠中に比べて夫婦の関係が変わったことは特にないですね。でも一番（子どもに）なつかれていないのは僕ですね。（中略）もう少し手がかからなくなってから自宅に戻る感じでいいと思っています」と語った。低下タイプの夫婦は，夫の親になる意識の低さと妻の夫に対する満足度の低下という，夫婦の認識の違いにより妻に心理的葛藤が生じ，関係性が希薄化する様相を示していた。

　このように，認識のズレを互いに理解できない夫婦では，産後に夫婦関係が悪化を辿る可能性がある。親への移行期における夫婦にとって，自ら積極的に妻を精神的にも身体的にも支える夫側の能力と，子どもが生まれても夫に対して変わらぬ愛情と理解を示し続ける妻側の能力のどちらも重要なのである。

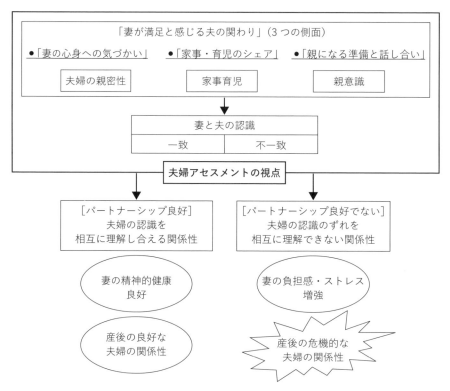

図1　3つの側面における夫婦アセスメントの視点と夫婦の関係性（中島（2022）を参考に一部改変）

IV　産後クライシスの予防に向けた 妊娠中のカップルセラピーの実際

　妊娠中には関係性が良好だった夫婦の間に，子どもが生まれると危機が生じるのは，一体なぜなのだろうか。産後クライシスの要因には，①産後女性の心とからだの不調，②妻の家庭内役割（家事・育児）の負担感の増大，③「生活が変わらない夫」への妻の強い不満，④「夫に評価されている」と感じられない孤独な子育てが関連している（中島，2022）。1つ目の要因を除いて産後クライシスは，夫の理解と努力で予防できると考えられる。そのため，筆者らは，妻が満足と感じる夫の関わりを高め，妊娠中から夫婦のパートナーシップを強めるプログラムを開発し，少人数クラスを実践してきた。このプログラムは，妊娠中からの予期的な介入により，①産後の妻の心身の負担感を妊娠中から夫婦が理解し，夫からのサポートに

よって妻の心身の安定が図られ，②アセスメント・ツールを用いたカップルセラピーにより，夫婦の間に生じる認識の一致・不一致を理解し，産後クライシスの予防と，産後の良好なパートナーシップが期待できるプログラムである。

　カップルセラピーを実施する際には，筆者らが開発した「妊娠期の妻への夫の関わり満足感尺度」（中島ほか，2013）のアセスメント・ツールを活用している。このアセスメント・ツールは，「妻が満足と感じる夫の関わり」の3つの側面──「夫婦の親密性」「家事育児」「親意識」──から構成され，3つの側面のどの部分に妻と夫の認識の一致があり，不一致があるのかをアセスメントする（図1）。パートナーシップが良好な夫婦であれば，コミュニケーションにより妻から夫，夫から妻に伝達されるメッセージが明瞭であるため，夫婦は互いに理解が得られやすく，その結果，産後の良好な夫婦関係が期待できる。一方，パートナー

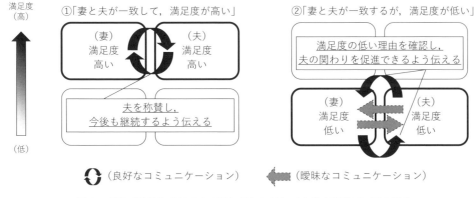

図 2-1 「妻が満足と感じる夫の関わり」に対して夫婦の認識が一致の場合

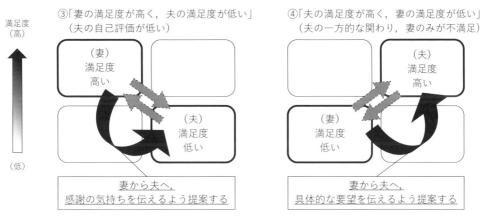

図 2-2 「妻が満足と感じる夫の関わり」に対して夫婦の認識が不一致の場合

シップが良好でない夫婦では，曖昧なメッセージを送ったり受け取ったりする傾向があり，夫婦は互いを理解できず，産後の妻の負担感やストレスが募り，産後の危機的な状況となる可能性がある。

「妊娠中の妻への夫の関わり満足感尺度」を活用して夫婦支援をする際の手順を紹介したい。まずは，夫婦の関係性の一致・不一致をアセスメントし，夫婦の相互理解を支持・支援していくとよい。

①「妻と夫が一致して，満足度が高い」（図 2-1）
- はじめに，妻に対して，夫の関わりを満足している理由を尋ねる。
- 次に，夫に対して，具体的な妻への関わりの内容を尋ねる。

- 夫を称賛し，今後も夫の関わりを継続していけるように伝える。

②「妻と夫が一致するが，満足度が低い」（図 2-1）
- はじめに，妻に対して，夫の関わりを満足していない理由を尋ねる。
- 次に，夫に対して，妻が満足していないと思う理由を尋ねる。
- 満足度の低い理由を確認しあい，今後，夫の関わりを促進できるように夫婦に提案する。

③「妻の満足度が高く，夫の満足度が低い（夫の自己評価が低い）」（図 2-2）
- はじめに，妻に対して，夫の関わりを満足している理由を尋ねる。妻の気持ちを引き出し，妻の満足の気持ちを代弁する。
- 次に，夫に対して，妻への関わりを妻が満足していないと思う理由を尋ねる。

- 夫婦の認識のズレに対して相互理解を促す。夫への感謝の気持ち（○○してくれるので助かる，うれしいなど）を普段から表出するように妻に提案する。

④「夫の満足度が高く，妻の満足度が低い（夫の一方的な関わり，妻のみが不満足）」（図2-2）

- はじめに，夫に対して，妻への関わりを妻が満足していると思う理由を尋ねる。
- 次に，妻に対して，夫の関わりを満足していない理由を尋ねる。夫婦の認識のズレに対して相互理解を促し，夫の関わりをさらに必要としている妻の気持ちを代弁する。
- 夫の関わりについての具体的な要望（○○してくれると助かる，うれしいなど）を表出するように妻に提案する。

　アセスメント・ツールを用いたカップルセラピーでは，「妻が満足を感じる夫の関わり」について夫婦の相互理解を促す夫婦間のコミュニケーションが期待される。妻は，今まで意識していなかった夫の思いやりや態度に気づき，夫に対して感謝の気持ちを表現することができたり，逆に，夫にもっと気づかってほしい，言葉で表現してほしいなどの要望を伝えるきっかけとなる。夫側は，妻の満足の気持ちを言葉で確認することで自己評価が高まり，妻への関わりが積極的となる。また，夫が一方的に妻にとって良かれと思っていた関わりを改めて妻の要望に応えようとするだろう。その結果，夫婦間の家庭内役割の負担の不平等や孤独な子育てに伴う心理的ストレスの軽減となり，夫婦の連帯性と親密性が深まると考えられる。

　受け手の妻が夫の関わりに満足を感じられ，また，妻に関わる夫自身も妻が満足を感じていると実感できることが大切なのである。専門家が妻への夫の関わりに対する夫婦の認識のズレを縮めよ

うと，夫側だけに妻への理解や努力を促していても，夫婦の関係性の希薄化は解決しない。夫婦双方の思いを聞き，妻への夫の関わりをどのように捉えているのかを妻と夫に確認し，夫婦の相互理解を促すことが大切である。

Ⅴ　おわりに

　COVID-19の影響を受け，多くの病産院において夫婦への支援の機会が制限されたが，少しずつコロナ禍以前の状況に戻りつつある。しかし，周産期医療の場面では，コロナ禍以前から夫婦のパートナーシップを育む助産師の支援は積極的に為されているとは言えない現状があった。妊娠中からの夫婦の親密性を発展させ，産後クライシスを予防するためにも，助産師は妊娠中から夫婦に継続して関わることができる立場にあることを認識し，臨床心理学の専門家との協同によって，親になる移行期の夫婦の関係性に働きかけることができると考える。

▶文献

ジェイ・ベルスキー，ジョン・ケリー［安次嶺佳子 訳］（1995）子どもを持つと夫婦に何が起こるか．草思社．

Lebow J & Snyder DK（2022）Couple therapy in the 2020s : Current status and emerging developments. Family Process 61 ; 1359-1385.

中島久美子（2022）産後クライシス予防は生まれる前から——夫婦のパートナーシップを育む助産支援．臨床助産ケア 14-4 ; 40-47.

中島久美子ほか（2013）「妊娠期の妻への夫の関わり満足感尺度」の信頼性・妥当性の検討．日本助産学会誌 27-1 ; 16-28.

中島久美子ほか（2021）親への移行期における高年初産婦の夫婦が認識する夫婦の関係性の変化．群馬パース大学紀要 26 ; 51-57.

内田明香，坪井健人（2013）産後クライシス．ポプラ社．

🗨 [特集] カップルセラピーをはじめる！──もしカップルがあなたのもとを訪れたら？

別の道を歩む二人

ナラティヴ・カップルカウンセリング

国重浩一 Koichi Kunishige

ナラティヴ実践協働研究センター

I　はじめに

本稿の依頼を受けたのは，私がイギリスの臨床家である Martin Payne が著した『カップル・カウンセリング入門』（Payne, 2010）を訳して出版したからであろう。本書を訳したのは，カップルに対する取り組みに特化した入門書があまり見受けられなかったのと，私が専門とするナラティヴ・セラピーの領域において，Payne が入門書としては実に適切なものを書いていると判断したからであった。

本特集号では，カップルセラピーの全般的なことを説明した後，カップルの時代的な背景を論じ，カップルセラピーの実践の段階について，それぞれの担当者が執筆するという形をとっている。詳しい内容は目次構成を参照してほしいが，それぞれの段階に対しては，担当する執筆者が準拠する立場から論じられている。そのため，カップルセラピーの全体の流れに整合性を見出しにくい気もするが，それぞれの立場から論じたものが，全体としてどのような風景を見せてくれるのか興味を持っている。私は，カップルセラピーを受けてそれぞれが別の道を歩むことにしたという段階に焦点をあてる担当となっている。

まずは，簡単にでもナラティヴ・セラピーを基盤とするカップルセラピーの特徴については触れておく必要があると思うので，概要を紹介してから，本論に入ることにしたい。

なお，私がカップルという言葉を使う場合には，相当広い意味合いを持たせていることを述べておきたい。カップルとは，共に人生を歩もうとした二人のことを示している。そのため，たとえ未婚であったとしても，お互いが付き合っているのであればカップルとみなす。ゆえに，「同居しているが未婚のカップルは，結婚しているカップルよりもコミットメントが低い」といった社会一般に流通している思い込みを持ち込まないようにしている（Payne, 2010［邦訳, p.228]）。さらに，カップルには男性と女性の二人だけでなく，男性同士，女性同士も含めている。

II　ナラティヴ・セラピーを基盤とするカップルへの取り組み

本稿で述べるナラティヴ・セラピーとは，オーストラリアの Michael White とニュージーランドの David Epston が基盤をつくったものである。ナラティヴ・セラピーは，家族療法の文脈で発達してきたため多くの人にとって馴染みのないもの

かもしれないが，もともと家族を対象にしていることから，カップルに対しても「共感を伴い，詳細で明確，そして一貫性のある統合的なアプローチ」（Payne, 2010［邦訳，p.20］）となっている。

Payne は，ナラティヴ・セラピーに基づくカップルセラピーのプロセスを次のように説明する。

　　ナラティヴ・セラピーで核となるのは，人々に自分の物語を詳細に語ってもらい，選び抜かれた質問をすることによって，以前には無視され，忘れられ，軽んじられ，気づかれなかった要素を組み込んだ，拡大版の物語を「語り，語り直す」のを促進することです。このような要素を組み込むことで，物語はただ単に再編成されたり拡大されるだけでなく，新しい物語が影響力をもつようになります。その新しい物語は，本人の思考や感情を変化させ，本人がその問題をどう捉えるかに変更を加えるのです（問題に対する「立ち位置を変化」させます）。このような認知や感情の変化は，新しい進展の始まりとなるでしょう。つまり，安直な楽観に基づくものではなく，新しい視点を通して発見された，以前には認められず，忘れられていた事実にしっかりと根づいたものを基盤として，打ち負かされ，希望の持てない感覚から，もっとエネルギーに満ちた希望を持てる感覚が生まれるのです。

（Payne, 2010［邦訳，p.30］）

つまり，人の語りを傾聴し受容するという方向性だけにとどまらず，最初の語りには含まれていなかった領域をも共に探索していくような取り組みとなっているのである。

III　社会文化的な前提を検証する

私たちはすべて，生活するなかで社会化（ソーシャライゼイション）されていく。そのなかで，当たり前，普通，当然とされるものを学んでいく。当然とされることは，カップルだけでなく，カウンセラーにも影響を及ぼしている。

　　一見単純に見えるが，ナラティヴ・カウンセリングは，問題というのは社会的，文化的あるいは政治的な文脈のなかで形成されたものであるという見解にたっている。新生児は生まれた瞬間から「文化的なスープ」の中で育つ。ナラティヴの視点からすれば，問題はこのスープの表面に漂っているかもしれないのだ。私たちが遭遇するさまざまな問題は，重なり合った層をなし，長い期間に渡って発展し，言語という手段を通して形作られ，個々の体験を構成し演出する。　　（Monk et al., 1997［邦訳，p.25］）

たとえば，夫の暴力などがあるために，妻や子どもの安全のためには別れた方がいいだろうと容易に考えられるような場面においてさえ，「離婚は子どもにとって良くない」「子どもには父親が必要である」などといった，社会に根づいている通説が人の判断に影響をもたらす。

このような通説が単にいけないというのではなく，そのことが気づかれることなく，カウンセリングの方向性に影響を与えてしまうことを懸念するのである。

　　すべての当然とされる真実が間違いであったり，誤りや危険であるというわけではありません。また私たちは，社会化によって取り返しのつかないほどに条件づけられているわけでもありません。私たちには自分が当然とされる真実を認知し検証する能力があり，そのうえで承認したり，付け加えたり，拒否することができます。大切なのは，当然とされる真実がそのまま検証されずにあったり，知らず知らずのうちに，問題やその解決のための試みに貢献している可能性があるという点なのです。
　　カップル・カウンセリングには，個人カウンセリングには存在しない複雑な側面があるため，当然とされる規範について認識していることは，とりわけ重要となります。

（Payne, 2010［邦訳，p.45］）

カウンセリングにおいて，クライアントがたとえば「離婚すべきでないと思う」と語るときに，どうしてそう思うのかと尋ねると，クライアント

自身の願いや好みではなく，社会文化的に根づいている通説をその根拠にしていると気づくことがある。そのときに，そのような通説に対して，カウンセラーが「そうですよね。そういうものですよね」と安易に受け取ってしまうのではなく，一般的にはそのように考えられるのは理解しつつも，その考え方の根拠を検証する必要がある。そうすると，クライアント自身の気持ちが明らかになっていくのである。

IV　ストーリーの２つの側面

ナラティヴ・セラピーを基盤とする修復的実践やメディエーションにおいては，お互いのストーリーを聴く機会を持つことを重要視する。このストーリーには，単に起こったことの陳述ではなく，語り手にとってどのような意味や影響を持つものであったのかということを含める必要がある。

White（2007）は，心理学者 Bruner（1986）を引用し，ストーリーは行為と意識という２つの側面（風景）から構成されていると述べる。ナラティヴ・セラピーでは，意識の側面とは行為に対する意味づけであると見なし，「意味の風景」と呼ぶ。したがってストーリーのなかでは，そこで何が起こったのかという「行為の風景」と，その出来事はどのような意味を持つのかという「意味の風景」が描かれるのである。

私たちが人に対して何かを説明するとき，「行為の風景」が優先されることは明白であろう。何が起こったのか，誰がいたのか，誰がどのように振る舞ったのか，誰が何を言ったのか，というような話が中心的に展開されることになる。

ストーリーは，話し手にとって，その出来事にどのような意味があったのかという「意味の風景」が語られることによって，十分なものとなる。ところが，「意味の風景」については自分から語りづらいものである。他者からそのことについて語ってもらうように促されて初めて言葉にできるときが往々にしてある。

つまり，ナラティヴ・セラピーにおいては，単に起こったことを話してもらうだけでなく，出来事がその人の人生や生活にどのような影響をもたらしたのか，どのような意味であったのかを語ってもらい，カップルセラピーの場で相手方に聞いてもらう機会を作ろうとする。

そしてそれまで，行為の風景だけを聴き続けていた相手側が初めて意味の風景を手にするとき，関係性に変化が生じる可能性がある。Payne はそのようなときの経験を次のように述べる。

> 私はこれまでに，聞く側が，相手の話をしょっちゅう聞くので半ば聞き流したり，記憶の中で無視したり，却下したり，歪めたりしていたことについて，初めて本当の意味合いを十分に把握するという場面に数多く遭遇しました。この新しい気づきが起きたとき，本人の態度に変化が生じるのです。
> 　　　　　　　　　　（Payne, 2010 [邦訳，p.88]）

V　周縁化された声に正当性を与える

カップルセラピーだけでなく，人が集う場は，社会文化的な影響を大きく受ける。そのため，特定の人の声が周縁部へと追いやられてしまうことがある。

人それぞれに性格的な特徴があるため，自分の意見をしっかりと表明しようとする人もいれば，なかなか言い出せない人もいる。カップルに取り組むセラピストは，それぞれの性格的な側面を尊重しながらも，双方がしっかりと話せるように働きかける必要がある。

または，双方の力の不均衡が作用して，一方だけの語りが優先されてしまうこともある。力の不均衡とは，性別，年齢，社会的な地位などから生じ，カップルセラピーの場にも持ち込まれることになる。このような力の不均衡に対応するためには，セラピストは単に中立的なポジションを維持するだけでは不十分であろう。なぜならば，中立性は時に力の不均衡を容認してしまうからである。

セッションにおいて，何が何でも話すべきだというポジションに立つことには危険性が伴ってい

ることにも気づいておく必要がある。相手から威圧されてしまっている場合や，正直なことを言ったらその後が不安であるような場合には，安心して話せないだろう。そのような場合には，双方に対して個別のセッションを設ける必要があるかもしれない。そして，相手の前ではどうしても語ることができないことを語る機会を作ることができる。個別のセッションで話された内容を双方が参加するジョイントセッションでどのように扱ったらいいのかについては，しっかりと打ち合わせをすることを忘れないようにしなければならない。

　それでは，個別セッションで初めて語れることには，どのようなものがあるのだろうか？　当然ながら，置かれた状況は人それぞれなので，一般論には当てはまらないことがいくらでもあるだろう。それでも，どのようなことが話せないかを想定しておけば役立つこともあるはずである。

　まずは，相手からの暴力がある。それは，身体的な暴力だけにとどまらず，言葉の暴力も含まれる。弱い立場の者がそれを話せば，さらなる暴力を招いてしまうという恐れを抱くのは当然のこととして理解できる。一方で，社会一般的な理解に照らし合わせて見ると強い立場にいる者が，実は相手からの暴力を受けている場合がある。たとえば，夫が妻から暴力を受けているような場合，夫の方はそのようなことが起きているのを話すのは恥ずかしいと思うかもしれない。または，伝えても信じてもらえないと思うかもしれないのだ。

　また，相手の強い希望によってカップルセラピーに参加しているものの，実は自分は別れることを決心してしまっていることもあるだろう。とりあえずセッションに参加して話を合わせているものの，決心は変わらないような場合である。

　相手の前で言い出せないことがあると想定しておくことは，カップルセラピーを進める上で大切であろう。

VI　新しい関係性に向けて

　本稿の主題である「別の道を歩む二人」という

表現では，カップル関係を解消するか，離婚するかして，それぞれが別の道を歩むことについての話になりがちである。

　このような状況について検討していく前に，カップルセラピーにおいて目指すところは，たとえ関係性を継続するにしても「二人がこれまでとは別の道を歩み始めること」であることを再確認しておきたい。カップルは，関係が修復されることによって，以前にあった良好な関係性に戻ることを期待しているのかもしれない。しかし，二人の関係性がまったく同じ状態に戻ることはあり得ない。今後の関係性を改善するためには，双方がこれまでとは違ったことに取り組む必要がある。それは，過去のどこかにタイムスリップして戻り，人生を続けるということではない。

　カップルセラピーによって，相手に対する理解を広げたり，新しい考え方を得ることができる。それを受けて，自分はどのようになっていきたいのかに取り組むのである。もし，カップルセラピーの場において，相手が変わることだけを望むのであれば，残念ながら，その望みはなかなか叶えられないであろう。

　一方が，相手は変えられないので自分が変わるしかないと思い込んでいることもある。しかし，一方だけが自分の変化を通じて関係性を修復するという方向性では不十分である。セラピストは，双方に対して，相手がどのように変わるのかという願いだけでなく，自分自身はどのような存在に「なっていきたいのか」について問いかけ，双方がそのことに取り組む必要があると思う。

　「なる（becoming）」という概念について，John Winslade は次のように説明する。

　「なる」という概念は，人間の主体性について，多くのさまざまな著者から注目を集めてきた。（中略）（フランスの哲学者）フーコーは，人が人生で直面する最も重要な課題は，誰かになるという課題だと主張する。彼にとって，これは，すでに私たちのDNA に刻み込まれているものになることや，私

たちの人格構造にとどまることや，私たちの精神に
すでに存在しているものを意味しない。（中略）そ
れはもっと，今までに一度もなかった自分になるこ
とである。生きることは，単に開いていくというよ
りはむしろ，継続的な「なる」プロセスである。そ
の結果，「なる」には終点はなく，むしろ私たちが
常に進化に向かう方向なのである。

　ドゥルーズは，もっと詳細に述べる。彼にとって，
「なる」は，異なるものになる，生まれた自分以外
のものになる進歩的な分化である。なることは，「在
る（being）」と「する（doing）」の両方，すなわち
存在と行為の両方を示唆する。

　　　　　　（Hedtke & Winslade, 2017［邦訳, p.32］）

　カップルセラピーという領域において，双方が
現状にとどまったまま，関係性を改善することは
できない。また，相手が変わることだけを望むだ
けでも関係性を改善することはできない。双方が，
自分がどのような人になりたいのかということに
取り組むことを通じて，関係性に大きな違いが生
まれてくるのである。

VII　別れの持つ意味

　カップル関係を解消したり離婚したりするよう
なことがどのようなことなのかについては，社会
文化的な意味合いに強く左右される。現代社会に
おいて，離婚は実にありふれたものである。読者
にも，離婚している知り合いはいるであろう。

　ところが依然として，生活を共にしてきた人と
別れるということには，本来すべきではないこと
をしている感覚，自分のふがいなさ，相手を責め
る気持ち，両親，親戚，友人からはどのように思
われるのだろうかという不安，そして，「世間に
顔向けできない」という思いが伴うことがある。

　これまで述べてきたように，カップルのことで
ありながらも，双方が自分自身のこととして取り
組んできた結果から帰結される方向性が生まれて
くることが，カップルセラピーにとって望ましい
形態なのだと思う。双方が自分はどのようにして
生きていきたいのか，自分がどのような存在にな

りたいのか，その人生において一緒に歩む伴侶と
どのように生きていきたいのか，ということが見
えてくるということである。

　そのなかで，これからも一緒に歩んでいきたい
ということになるかもしれないし，距離をとって
歩んでいきたいと思うかもしれない。距離を取る
ということは，離婚，別居，あるいは同じ屋根の
下でもそれぞれの生活が確保できるように調整す
るようなことなどであろう。

　このようなところを目指したいものの，現実的
には，相手が自分とは異なった方向性を望んでい
たり，子どもの養育のこと，両親，親戚，友人の
意向などが絡み合いながら，方向性を決めなけれ
ばならない。このときに，関係者からの要求，ま
たは関係者に対する配慮が，自身の決断を大きく
左右する。

　カウンセラーとしては，このようなときにこそ，
その本人が自分自身のために望むことも，決断す
る際の大きな要因として含めてもらうように働き
かける必要があるだろう。カップルセラピーの
プロセスは，決してその当事者だけが良ければい
いという方向を目指すのではない。決断のプロセ
スから容易に除外されてしまいがちになることを
しっかりと表現してもらうことなのである。どの
ような決断をするにしても容易なことではなく，
苦渋の決断となるのだが，それでも，自分自身の
声をしっかりと表明してからにすべきであろう。

VIII　別れのプロセス

　別れるという決断は，カップルの双方がそこに
たどり着くこともあれば，一方が望むものの他方
は望まないということもある。このときまで多く
のことを語ってきているので，双方が相手の意向
を尊重して，合意に達することを目指せるだろう。
しかし，カップルセラピーにおいて，人の今後のこ
とを，社会的な規範などによって決めるのではな
く，それぞれの人生の生き方を尊重する以上，一方
には残念な結果となる可能性が残る。しっかりと
話をしたにもかかわらず，別れを選択している以

上，セラピストとして，それを尊重することになる。つまり，一方が本心では望まない状態であったとしても，別れの話を進めていくこともある。

別れることを決断した場合には，さまざまなことを調整していくという会話が待っている。財産のこと，住まいのこと，離婚後の苗字のこと，子どもの養育のことなど，実にさまざまなことを調整していく必要がある。それぞれをどのようにすべきかということについては，カップルの状況次第なので一概には言えないが，うまく話し合いで調整できない，または決められない場合には，法律家に入ってもらうことも一案であろう。

カップルセラピーの場において，このような事務的な話し合いをすることもあるかもしれないが，別れた後の関係性について話をする機会も忘れないでおきたいものである。

別れとは，いっさいの連絡や面会を絶つことではないはずである。必要な時にどのように連絡を取ることができるのか，どの程度お互いの状況を知る機会を設けるのかなど，一応話し合っておく価値がある。「一応」と述べたのは，そのときは別れた後に実際に連絡を取ってみたらどのような感じになるのか想像がつかないこともあるからである。そのため，これは約束というよりも，そのときの気持ちをお互いが聴いておくということにとどまるかもしれない。それでも，聴いておくことは，「いっさい連絡すべきでない」と思い込んでしまうのを防ぐこともできる。

私は別れのプロセスに関わることよりも，離婚経験のある人と人生上の悩みや子育てについて話をすることの方が圧倒的に多い。離婚にたどり着いたときに，何とか離婚にたどり着くことだけになってしまい，その後の話まで話ができていないことが往々にしてある。第三者としてのセラピストがいる場でないと，双方が話しにくい話題もあるはずである。カップルセラピーが，何かを改善・決断するというところにとどまらず，二人だけでは話す機会を持つのが難しいことを話題にしていく場となることも大切ではないだろうか。

IX　おわりに

人生を共にするという選択は人生において実に大きな決断を伴う。しかしこれは，そのときの関係性から得られる興奮，期待，夢などに後押しされるので，その方向に向かいやすいだろう。一方で，別れることになると，かなりの速度で走っている電車を止め，そこから降りて別の電車に乗り換えるような大変さがある。そのときに，社会文化的な価値観はその方向の後押しをしてくれないであろう。

カップルセラピーを通じて，関係修復がおこなわれ，関係を続ける方向に双方が同意できることが望ましいことである，とセラピストも思ってしまう。関係を続けるようになることが目的ではないとわかりつつも，そちらの方向に引きよせられてしまう。だが，カップルセラピーでは，別れるという話もすることがあるという認識をしっかりと持っている必要があるのだと思う。

本特集号において，特に別れるという場面に焦点を当てて文章にする機会をいただけたことに感謝している。ありがとうございました。

▶文献

Bruner JS (1986) Actual Minds, Possible Worlds. Harvard University Press. (田中一彦 訳 (1998) 可能世界の心理. みすず書房)

Hedtke L & Winslade J (2017) The Crafting of Grief : Constructing Aesthetic Responses to Loss. Routledge. (小森康永, 奥野光, ヘミ和香 訳 (2019) 手作りの悲嘆—死別について語るとき〈私たち〉が語ること. 北大路書房)

Monk G, Winslade J, Crocket K et al. (Eds) (1997) Narrative Therapy in Practice : The Archaeology of Hope. Jossey-Bass. (国重浩一, バーナード紫 訳 (2008) ナラティヴ・アプローチの理論から実践まで—希望を掘りあてる考古学. 北大路書房)

Payne M (2010) Couple Counselling : A Practical Guide. SAGE Publication. (国重浩一, バーナード紫 訳 (2022) カップル・カウンセリング入門—関係修復のための実践ガイド. 北大路書房)

White M (2007) Maps of Narrative Practice. W.W. Norton & Company. (小森康永, 奥野光 訳 (2009) ナラティヴ実践地図. 金剛出版)

💬 [特集] カップルセラピーをはじめる！——もしカップルがあなたのもとを訪れたら？

心を重ね通わせる瞬間

力動的アプローチ

仙道由香 Yuka Sendo

新大阪心理療法オフィス

I　背景

　精神分析理論においては，意識的・無意識的な水準で人と人の間に生じる情緒的な相互作用が個人の心的発達を促進すると理解されている。特に誕生以降，乳幼児が一次対象すなわち典型的には母親との，やがて周囲の多様な人々との間で展開する取り入れおよび投影性同一視の継続的な循環が，個人の対人関係上の，あるいは人格の特徴を形作ってゆくと考えられている。自ずと同様に，精神分析的な心理療法は，患者が治療者と実感を伴った形で情緒的相互作用の体験を得ることで深い自己理解に至ること，それにより副次的に患者の内的世界があたかも地殻変動のようにゆっくりと変容を遂げてゆく可能性を期待するものだ。このように精神分析理論では，心的発達および治療機序のいずれにおいても個人間の情緒的相互作用は必要不可欠な要素である。

　Freud 以降，精神分析家は個人の心的発達における情緒的相互作用の重要性に注目してきた。いわゆる典型的な個人心理療法をある種のゴールド・スタンダードと捉える傾向もあった（Lucas, 2009）。ところが第二次世界大戦以降，カップル不和や離婚，さらには子どもの虐待等，カップ

ルや家族内の問題に注目が集まった。この問題に対する支援団体として 1948 年に Enid Eichholz（後に Enid Balint）らソーシャルワーカーのグループが英国で設立したのが Family Discussion Bureau（FDB）である。FDB の活動の主眼は，カップルに対する心理療法，調査・研究，専門家の訓練およびコンサルテーションであった。設立早期に，カップルが抱える諸問題を深く理解するには上述の意識的・無意識的な情緒的相互作用という精神分析的な考え方が必要不可欠であるとの認識に至った（Bannister et al., 1955）。そこで Michael Balint ら複数の精神分析家をコンサルタントとして迎え，結果として FDB は Freud, Klein, Bion らの考え方を取り入れて発展，Tavistock Clinic との関係を深めて，2023 年現在 Tavistock Relationships（TR）（2023）として活動を続けている。当然カップルが体験する諸問題は英国に限定されず世界各国に共通するため，TR が提案する精神分析的な理論を基盤とした力動的アプローチのカップル・セラピーは世界各国に広がっている（Ruszczynski, 1993）。

II　力動的カップル・セラピー

　個人は外的対象との取り入れおよび投影性同一

視の継続的な循環を通して内的対象を獲得し，独自の内的世界を形成する。内的世界は個人が外的世界を理解し体験するあり方に独自の無意識的意味づけを与え，特に対人関係上の特徴になり，時に困難や症状をもたらす。同様に，治療関係においてもその個人ならではの転移として表され，困難や症状として今ここで出現する。治療者は転移の有様，対として自ずと現れる逆転移の有様，そしてそれらの経時的変化を緻密に観察し，文脈に沿って総合的に理解することを通し，患者の内的世界の様相を理解しようと試みる。理解に至ったとき，患者本人に理解可能で，かつ鮮やかな情緒的実感を伴った方法で語りかける，すなわち転移解釈を行うことで，その患者自身に関するより深い理解を本人と共有しようと図る（Joseph, 1985）。根気強く継続的な仕事である。基本的にはカップル・セラピーも同様である。

III　カップル内の力動

　人は自分が抑圧ないしは分裂排除して投影した人格の一部を大なり小なり受け入れてくれる人物をパートナーとして選択し，本来は自分に属していた内的葛藤を相手方に外在化する。このような対象選択を相互に行うことでカップルが成立し，以降，2人の間で日常的に投影性同一視および取り入れの循環が持続する。パートナーのことを「片割れ（my other half）」と言い表すように，結果として2人の人格は互いに相補的なものになり，内的空想や防衛機制が共有され，2人の人格の境界は曖昧になっていく。

　カップル関係は，社会，政治，経済，家族内の事情の変化等，多様な外的要因の影響を受けずにはいられないにせよ，必ずしも忠実に外的現実に即すとも限らない濃厚な転移関係の塊と化す。このことが2人の相互的愛着や絆を強める場合もある。しかし同時に，カップル内転移は24時間365日継続するし，性的関係も存在するため2人のより未熟な側面が表現されやすくもあって，究極的にはもはや実存する対象というよりむしろ自

分自身から分裂排除された部分と空想の中で関わっているような状態に至る場合がある。こうなるとカップル不和をはじめとするさまざまな葛藤や衝突が現れるのも当然といえよう。

● 臨床素材／Ａさんの対象選択

　中年女性Ａさんは，夫が関わったある事件に続く一連の外傷体験を契機に，夫に対して顕著な不信感を抱いてカップル・セラピーを求め，まずは単身でアセスメント・コンサルテーション（Hobson, 2013；仙道，2019）を受けた。しかし事件の経緯やカップル関係について語ることは非常に困難で，担当者による事実関係にまつわる質問をも攻撃的侵入として体験して反発し，その時点ではカップル・セラピーは難しいだろうとの結論に至った。けれども現にＡさんが味わっていた心理的苦痛は相当なものだったし，事件や夫のことよりまず自分自身について考えたいとの願いも実は存在することが明らかになって，結局Ａさんは個人心理療法を受け始めた。

　心理療法でＡさんは，治療者の発言が彼女の内的世界に接触しかけるや否や両手を胸の前で交差させ，項垂れて両目を固く閉じ，時が止まったように黙り込んだ。それ以上の心理的接近を拒む身体表現である。治療者は伸ばした手を振り払われてなす術もなく，まるで自分が役立たずで出来損ないの治療者であるかのように感じさせられた。かろうじて挫けずＡさんの語りに耳を傾け，口を開いては拒まれることの繰り返しで幾月も過ぎた。

　非常にゆっくりと心理療法は進み，Ａさんは願い通り自分自身の生い立ちを想起し語っていった。Ａさんは地域や一族の伝統に基づき，さらには母親の心的苦痛や，父母カップルが内包していた葛藤等を投影されて，軽んじられ拒まれ続けて「期待に応えられぬ出来損ないの醜い子」という役割を担ってきたことが理解されていった。親子関係でも，性的あるいは治療的関係でも，自分は相手の期待に添えぬ醜い子だから，相手は必ず自分を軽んじ拒む，という空想がＡさんの対人関係を支配していた。加えてＡさんの世界では，性的な事柄はことさらに忌むべき穢れであり，現実的にも心理的にも，即物的にも象徴的にも，徹底的に否定され排除されねばな

らぬものだった。

　Aさんが結婚相手として選んだ夫は，Aさんとは異なる理由ながら同様に軽んじられ拒まれてきた「期待に応えられぬ出来損ないの醜い子」であることも判った。Aさん夫妻は無意識的に協働してこの空想を現実のものとし，相互的に拒み，拒まれ，劣等感を抱き，抱かされ続けていた。結婚から十数年を経たその時点まで2人の間に性的関係はほとんどなかった。夫が関わった事件は，詳細は省くが，この共有された空想を現実化したようなものだった。こうしたAさんの語りを通して治療者に伝わってくるのは，冬の暗い森の中，2人の幼子が互いに身を寄せ合い「寒い，怖い」と震える姿だった。2人の弱々しい子どもにしてみれば，如何なる者の接近も恐ろしい捕食者の襲撃として体験されていた。

Ⅳ　カップルと治療者の間の力動

　カップル関係とは独特の濃厚な相互的転移関係であり，特に両者のより未熟な側面が現れやすく，カップル不和をはじめさまざまな葛藤や衝突に結びつく。したがってカップル・セラピーにおける焦点，すなわち「患者」は，「カップルを構成する2名の個人それぞれ」というよりむしろ「カップル内転移関係」である。セラピーでは「カップル内転移関係」と治療者との間で転移・逆転移関係が展開する。力動的グループ・セラピーが同時並行で行われる複数の個人心理療法の束ではないのと同じように，力動的カップル・セラピーもまた同時並行で行われる2つの個人心理療法の合算ではない。

　治療者は，カップル関係から分裂排除され投げ込まれた葛藤，矛盾，不安等を受け取り，消化して，転移解釈をはじめとするさまざまな発言や挙動を介して提示する。これは乳幼児個人の心的発達において母親が担う重要な役割（Bion, 1962）と同等である。カップル内転移ではより未成熟な側面が強調されることが多いので，治療者に向かう転移や対として生じる逆転移は，えてして非常に鮮烈なものになる。治療者には，転移・逆転移の激しさに持ち堪え，これを総合的に理解し，転移解

釈を積み重ねていくことが求められる。こうした継続的な試みの末に，やがてカップルは自分たちの一部を激しく分裂排除せずに自分たちで抱えておき，理解することが可能になるだろう。

● 臨床素材／B夫妻から治療者に向かう転移と，対する逆転移

　離婚を考えているが迷いや不安もあると訴えてカップルセラピーを受け始めた中年B夫妻は，治療者の前でも激しく口論した。自分の窮状を互いに投げつけ合っては投げやりに黙り込んだ。セラピーの具体的な段取り，例えば何曜何時なら来続けられるか，その間まだ幼い子どもを誰に預けるか，費用面の折り合いに関しても共に頷ける着地点を見出せず，現実的で具体的な硬い主張を互いにぶつけては振り出しに戻った。

　セッションは緊張感と深い絶望をはらんでいた。治療者は口を挟むことにさえ窮し，現に心臓に痛みが走ったりして右往左往した。まるで罵り合う両親を仲裁したいと願う非力な子どものようだと感じた。諍いの中，幾度となく夫妻の視線は確かに交わるのに，どちらともなくスッと逸れて2人はバラバラになった。近づいては離れ，離れたくないのに近づけない，崩壊寸前のカップル関係を示唆するようだった。

　治療者は現実的・具体的な事柄よりもむしろそんな2人の有り様に焦点を当て，今ここで何が起こっているのか，それを治療者がどう観察し理解したのか，繰り返し語りかけた。

　「あのう，気がついたことがあるんですけれどもね，お二人は大事な話をしている最中に，お互いを見やる瞬間がありますよね。だけど次の瞬間には視線が外れて，まるで別々のパラレル・ワールドにでも引っ込んだかのように，2人はバラバラになってしまいますよね」。

　こうしたコメントを聴くとB夫妻は本当にそうだと頷き合い，その瞬間は確かに治療者も含め3人一緒に存在できるのに，またバラバラになり諍いに戻る。セッションはまるで賽の河原で石を積むが如くで，治療者は徐々に，この無気力と絶望を誘発する無限地獄の感覚こそが夫婦の抱える苦しみだとの理解を強めていく。

治療者は言う。「あなた方2人とも，それぞれの腹立ちについて話しておられますけど，実はその影に，もっと他の感情もあるようですよね。悲しみとか，寂しさとか，もどかしさとか，ああもうダメだという挫折感とか，もっと互いに関わりたいとか」。

夫は答える。「その通り，本当に腹が立つ」。

同時に妻も言う。「でも，そんな気持ちはもうとっくに消えてしまったような気がします。この人があまりにも私を理解しようとしないものだから。もう腹が立ちすぎて」。

重ねて治療者は言う。「まるで『腹が立つ』がたった一つの巨大な屋根みたいに2人の何もかもを呑み込んでしまって，それ以外の全てが消えてなくなるみたいですね」。

妻が言う。「そうですね。私，どうして彼がこんなふうなのか理解できないんです」。

夫は苛立ちと絶望の入り混じった眼差しを妻に向ける。そしてまた口論へ。

治療者は口を挟んだ。「ちょっと待って。あなた方2人は互いに同じ性質のものに苦しんでいるようですよね。例えば葛藤や挫折，それに伴う恥ずかしさや不安。それらはとても耐え難いし恐ろしい。あなた方2人はそういうものから自分を守ろうとする。けれどもあまりにも恐ろしくて，2人とももう1人がすぐ傍でまさに同じものに同じように共に苦しんでいることに気づく余裕を失ってしまうみたいですよね。できることといえば互いを責め，戦うことだけみたいになる。その戦いの中では，互いの助けや愛も，ここにいる私の助けや心配も，決して届くことがないし，受け取ることができない」。

しばしの沈黙の後，夫は，治療者の言うことは本当にそうだ，と静かに言う。妻はそんな夫の姿を無言で見つめ，今にも泣き出しそうに見える。

Ⅴ　エディプス状況の三角形と心的発達

治療者が担うのは母親的な役割だけでない。Britton（1989）は，個人の心的発達において特に象徴的思考の発達を支えるエディパル状況の重要性を指摘した。つまり，乳幼児と母親という緊密な二人組を丸ごと支え，と同時に，客観的な異なる視点を提供して三角形を形成することで，思考する余地をもたらす第三の人物としての父親の

重要性である。同様に，互いに緊密に見つめ合い，濃厚な相互的転移の渦の中にあるカップルにとっては，三角形の第三の点として現れる父親の役割もまた治療者が担う。従来の自分たち2人とは異なる第三の視点からカップル関係を見つめる父親・治療者を取り入れ，同一化することを通し，カップルは次第に自分たちの相互交流の様相をより客観的に理解する余地を獲得し，象徴的な思考が可能になる。同時に，カップル二者間の曖昧だった境界が再び確立されてゆく。相手と自分は融合体ではなく，自分は相手から分離した独立の存在であり，逆もまた真であると理解する。これは強烈な喪失体験でもあって，心が痛む。けれどもそれは，妄想・分裂ポジション的世界からより成熟した抑うつポジション的世界へと移行することに伴う不可避の痛みだ。

こうした過程を歩むことで，共有された空想の相互的実演に2人を引き寄せる無意識的な力が和らぐし，空想上のではなく実存するパートナーと真の関わりを持てるようになる。カップルとしての心的発達である。

● 臨床素材／Ｃ夫妻の心的発達

Ｃ夫妻も離婚を視野に入れつつも不安や葛藤を抱えて進退極まり，カップル・セラピーを求めた中年夫婦である。大声で激昂する身振り手振りも派手な夫と，ほとほと嫌気が差したというように無言で顔を背ける妻の対比が鮮明だ。半年程セラピーを続ける過程で2人は治療者に愛着と信頼を抱き，治療者もまた彼らに愛おしさを感じるようになっていた。セッション内での諍いは和らいだものの，日常では相変わらずさまざまな意見の相違を巡って対立を繰り返し，都度2人は治療者との対話を思い出すことで何とか立て直そうとしていた。

その日のセッションで2人は日々の様子を治療者に語っていた。妻は夫が近隣住人に放った「横暴な」言葉が許せず，夫は妻が口にした「もし自分たちが離婚したら」という「仮定の話」を容認できなかった。結局2人は互いを避け別々に週末を過ごした。顛末を語るうち2人は現に互いを責め始めた。曰く，い

つも夫は落ち着きなく乱暴だ，いつも妻は冷たくて横暴だ。

治療者は言う。「2 人の様子を見ていると，しょっちゅう私は思いますよ。2 人の間にはまるで地雷原でもあるみたいだ，と。2 人はとても慎重に歩きたいのに，地雷に触れずにい続けるのはとても難しいようです」。

妻が言う。「その通り。それで結局私たちは関わり合うことを放り出してしまう。週末みたいに」。

治療者の「悲しいですね」に対し 2 人は「本当に」と頷くのに，すぐまた同じような言い争いに陥り，目を伏せて黙る。

治療者は指摘する。「2 人の『地雷』とは，攻撃的な態度，冷たさ，不満のことですよね。そういうものは 2 人には本当に恐ろしいものですよね」。

夫妻は一緒に「そうです，本当に」と頷く。

「でもね，あなた方 2 人共の中に，攻撃的で冷たくて不満な，地雷的な部分があるみたいだと思いますよ」。夫婦は「確かに」と頷き合い，しかしまた振り出しに戻る。

治療者は言う。「私はしょっちゅうこういうことに気づかされます。2 人とも互いが耳を貸してくれないと言う。そのことに傷ついている。2 人には共通のことが何もないと信じ込んでいる。2 人ともそう言う。つまり実は 2 人には非常に似通った，恐らく同じ気持ちに苦しんでいるという共通点があるようです。興味深いですね」。

夫婦は互いを見，微笑み合う。そして夫が言う。「僕たちはまるで互いに別々の言葉で会話しているみたいだね。同じことを話しているのにお互いに理解し合えないんだ」。

「それがあなた方の悲劇なんでしょうね」と治療者は言う。夫妻はしばししんみりと黙り込み，やがて夫は言う。「僕は君に悪かったと思ってる。もっと早く，例えば 5 年前とかに，いい夫になれなかったこと。ごめんね，僕は変わろうと思うよ」。

妻は驚いて「そういうこと，初めて聞いたような気がする」と言う。

夫は応える。「本当？（しばし黙る）僕はあまりにも未熟で自己中心的で短気な人間だ。僕たちがこんなになったのは僕の責任だと思う。手遅れじゃなきゃいいんだけど」。

VI　終わりに

3 つの臨床素材を用い，力動的カップル・セラピーの様子を描写した。カップルが相互に，と同時に治療者とも相互に心的接触をし，情緒的な実感を伴って交流する様を提示した。

あらゆる人間関係同様，セラピーを受ければカップル内に葛藤や対立が存在しなくなるだろうというのは過激な期待に過ぎない。現実的なのは，葛藤や対立が共に持ち堪えられるものになるということだろう。離婚しなければよいという話でもない。相互に破滅的に未成熟さをぶつけ合う 2 人が，ある程度現実的な結末に達し，十分幸せになるというのがカップルとしての望みうる成熟といえよう。

▶ 文献

Bannister K et al.（1955）Social Casework in Marital Problems. Tavistock Publications.

Bion WR（1962）The Psychoanalytic Study of Thinking. The International Jounal of Psychoanalysis 43；306-311.

Britton R（1989）The missing link：Parental sexuality in the oedipus complex. In：R Britton et al.（Eds）The Oedipus Complex Today：Clinical Implications. Karnac, pp.83-101.

Hobson P（Ed）（2013）Consultations in Psychoanalytic Psychotherapy. Routledge.

Joseph B（1985）Transference：The total situation. The International Jounal of Psychoanalysis 66；447-454.

Lucas R（2009）Part one：Making a case for a psychoanalytic perspective on psychosis：1. introduction. In：R Lucas（Ed）Psychotic Wavelength：A Psychoanalytic Perspective for Psychiatry. Routledge, pp.3-15.

Ruszczynski S（1993）The theory and practice of the Tavistock Institute of marital studies. In：S Ruszczynski（Ed）Psychotherapy with Couples：Theory and Practice at the Tavistock Institute of Marital Studies. Routledge, pp.3-23.

仙道由香（2019）心理療法に先立つアセスメント・コンサルテーション入門．誠信書房.

Tavistock Relationships（2023）https://tavistock relationships.org［2023 年 8 月 20 日閲覧］

［特集］カップルセラピーをはじめる！──もしカップルがあなたのもとを訪れたら？

［コラム3］親密なあなたとの間で起こる暴力
女性サポート相談室での支援

小畑千晴 Chiharu Obata

岡山県立大学保健福祉学部子ども学科

　私は「女性のための相談室」に勤務した経験がある。仕事と家庭，育児の両立に関わるさまざまな悩みの受け入れ先として，カウンセリング，子育てのための情報提供，同じ課題を抱える女性たちの相互支援などを行ってきた。利用対象者は，その組織で働く人であった。ただし，女性のサポートに関することであれば男性も可としていた。そこに，関係改善を望むある夫婦から相談依頼があった。初回，夫婦と面談し，二人のこれからについて考えるために夫婦面接を実施することになった。以下はその経緯である（事例に一部変更を加えている）。

＊

　夫であるA（30代男性）は，大学院修了後，会社員として勤務。妻のB（30代）とは結婚紹介所を通じて結婚し，その後Aと同じ組織の別部署にてパート勤務を始めていた。共同生活開始直後から，Aは不満が募ると物に当たり，Bを家から追い出すなどの行為がみられ，同僚知人の勧めにより共に本相談室に来室した。A自身もBとの関係に悩んでおり，夫婦関係を改善することを望んでいた。Aは背が高く，がっちりとした体格，理路整然と落ち着いた口調で礼儀正しい印

象。Bは高校を卒業後，派遣社員として働いており，色白で細身，年齢よりも若く見える印象であった。

　初回，Aは話すことはすべて準備してきたという表情で，結婚相談所でBと出会い，お互いの条件を了承して結婚に至った過程を持参したノートを確認しながら時系列で語った。Aは「結婚したら専業主婦になり，子どもを作る」という約束をしたのに，それを守ろうとしないことが問題だと冷静に訴えた。それに対し，Bは結婚後『子どもはお金を貯めてから』『正社員として働きたい』と言い始め，AはBとは異なり「僕は一貫して当初から変わらない」と自分の主張は首尾一貫していること，もめる問題はB側にあり自分にはないことを訴えた。

　Aが主張するBへの最大の要求は，30代後半であるBの年齢を考慮し，「この2年は仕事をやめて子作りに専念してほしい」（#1）ということであり，その他には「家では掃除しすぎないでほしい」（#2），「好きなおかずをたくさん作ってほしい」（#3）などであった。それに対しBは，困った顔をしながら，子どもが欲しくないわけではないが，『子育てのためにはお金がいるから私も働いてお金を貯めてから』『あなたのために掃除し

ている』『少しだけ食べるからおいしい』と答え，どれも受け入れようとはしなかった。Th は面接開始直後から A と B 双方から自分の味方になるよう迫られているように感じた。ノートとペンを持参し，落ち着いた様子を見せてはいるが，どこかすごみを含む A の語りからは，説得力を感じると同時に，その雰囲気に飲み込まれるようで，その主張を信じなければ，Th も殴られるのではないかという怖さを感じた。A の態度と反比例するかのように B のゆっくりと小さく遠慮がちに語る声と弱々しい態度を通じて，こんなに弱い自分を受け入れてほしい，守ってほしいというプレッシャーを感じた。

「専門家からみて僕と妻は修復できますか」（#4）との問いに，Th は "はい" か "いいえ" の二者択一しかなく，できないとは言えないような圧力を感じた。Th は〈修復できるか，したほうがいいのかもわからない。ここでは，あなたや二人のためになるような方法を考えていくことが目的〉と確認した（#4）。

Th が〈パートナーとはどんな関係を望んでいるのか〉に対し，A は「ここは僕の家。僕が苦労して手に入れた職と家」であり，「自分がこの家の中心。僕が 7 で妻が 3 ぐらい」と答えた。B に対しては「夫を立てるとか僕の家に来たことに遠慮する気持ちが彼女にはない」と批判し，「彼女は相手のルールに合わせていくことができない人」と語気を強めて語った。子どもを作るための時間は残り少ないと繰り返す A に，〈子どもだけが欲しいのですか，彼女を愛しているから子どもが欲しいんですか〉（#5）と尋ねると，「子どもを作ることに協力してくれる彼女が好きです」と迷いなく答えた。B は，泣きそうな顔をしたまま，ずっと黙ったままだった。

#6 は，A から緊急の予約依頼の連絡があった。上司が計画した A の昇進祝いの食事会に，B に一緒に参加してほしいと頼んだが『皆さんの話にはついていけない。何を話していいのかわからない』と頑なに拒否することに納得がいかず，我

慢できず家を出ていけと言ったという。しかし B はそれもできないと言うため，「出ていかないならば言うことを聞く，言うことを聞きたくないなら（生活費のための）金を（自分に）払う，金を払いたくないなら出ていけ」と平手でたたいたことで B が警察に通報。以後，二人の別居生活が始まり，B との接触は途切れた。

A は，B が自分に慰謝料と謝罪を要求してきたことに対し，興奮した様子で「僕も慰謝料と謝罪を求めて戦う」と，調停に向けて毎夜どれだけ相手が理不尽であるかを説明する書類を作っているかを訴えた。#8 では，自分も弁護士を立てたこと，裁判になり第三者の意見が必要になったとき，「自分の事実を証明するために，コメントしてほしい」と Th に依頼があったが，そのような立場や役割ではないと断った。Th が，〈調整や裁判で負けないための武器をそろえようとしているように見える。奥さんを打ち負かしたいのですか〉と言うと，沈黙のあと，「わからない，未練もある，だからそういう気持ちを抑えるために夜中まで調停の資料作っているのです」と述べた（#8）。調停が進むなか，自分がさらに昇進する可能性があることと併せて，なぜか B との復縁を考えるようになったと語った。「もう子どものことはいいし，仕事も好きなようにしていい」と言い，「哀れみの気持ちというか，かわいそうだから一緒にいよう」（#9）と心境が変化したと語った。

＊

別々の道を歩むことになった事例の一部抜粋である。今回，コラムの依頼をいただいた機会に，この二人の力動を理解するための考察ではなく，Th 自身について振り返ってみたい。

Th である私は，ドメスティックバイオレンスやストーカー行為，虐待を含めた「親密関係における暴力（Intimate Partner Violence : IPV）」の発生メカニズムを研究テーマにしており，二人の心理的力動に関心があった。暴力を受けた被害者女性たちの相談はシェルターや女性相談所などで

受けてきたが，そのパートナーたちの声を直接聞く機会がなく，加害者とされる相手側の主張を聞いてみたいと思い続けていた。そのことがIPVの本質的な理解につながり，予防や再現（別のパートナーの間でも同じIPVを引き起こすこと）の抑止につながると考えていたからだった。さらに当時の私には，IPV発生についての仮説があった。きっとこういうメカニズムであるだろうと強く信じていたので，確かめてみたいという気持ちが強かった。そうしたなかでの相談依頼に，またとない機会だとも思った。

　そうして始まった何回かの面接を通じて，私の仮説が合わないという小さな違和感を抱きながら

もそれを打ち消し，自分の描くモデルに当てはめて理解し，正当化していた。その後まとめた論文をある学術誌に投稿したが，当然採択には至らなかった。

　私の面接は，Bionが言う"No memory, no desire, no understanding"とは全くかけ離れた姿勢であった。そのことが，本面接に与えた影響は少なくなかったと言わざるを得ない。二人はその後別々の道を歩み，Aは別のパートナーと結婚したが，Bは音信不通となっている。

　この事例から十年余りが経ってしまったが，私のIPV仮説を諦めたわけではない。自分の未熟さを認めながら，研鑽を積んでいきたい。

🍀 ［特集］カップルセラピーをはじめる！──もしカップルがあなたのもとを訪れたら？

［コラム4］愛と親密性とマイノリティ

稲原美苗 Minae Inahara
神戸大学大学院人間発達環境学研究科

　近年，法律婚以外の結婚の形を選択する人が増えてきた。一般的に「結婚」という単語を使う時，婚姻届を出して正式に結婚という形を取ると考えがちだが，現在では多様な「結婚」という形を取るカップルがいることを知っておきたい。なかでも実際に多いのが「事実婚」という形だ。本エッセイでは，私の経験をもとにして，多様な結婚の形にマイノリティという当事者性が重なることによって生じる問題点について考えたい。

I　多様な結婚の形とマイノリティの当事者性

　まず，妊娠すると婚姻届を出すことを選択するカップルもいるが，あえて法律婚を選ばないケースもある。その理由を訊くと，実に多様なのだ。人生を送る上でトラブルが続き，離婚する可能性も高い。子どもの人生に大きな影響を与えてしまう離婚を回避するために，結婚したくないと考える人もいるようだ。また，夫婦二人とも仕事をし，どちらかの名字に変えるのが面倒だと考え，婚姻届を出さない人もいる。結婚しても，お互いの勤務地が異なるため別居を続けている人もいる。平日は仕事をし，家事も分担し，夫婦で共に過ごすが，休日は自分だけの時間を過ごす人もいる。新婚当初からお互いに経済的に自立し，別々に生活を送っているという人もいる。結婚と一口に言っても，パートナーや子どもとの関係性も多様化しているのだ。しかし，これらの多様な結婚は，異性愛者や収入が安定しているカップルを前提としている。同性愛者，外国人，障害者などのマイノリティ当事者のカップルはそのような選択肢さえない。

　婚姻関係を結べない戸籍上同性のカップル，障害者同士のカップル，国際結婚をしているカップルなど，従来の家族規範に当てはまらないカップルの形が増えている。このようなマイノリティ当事者のカップルはそれぞれ不安や悩みを抱えながら暮らしている。「カップル」という親密圏・親密性の概念が時代とともに変化し続ける一方で，日本社会のあらゆる制度は従来の家父長制的家族規範を前提としており，多様化するカップルの形を認め，尊重しているとは言い難い現状である。戸籍制度を原則としている法律婚は異性愛者にしか認められず，結婚する場合はどちらか一方が姓を変える必要がある（一般的に女性が男性の姓を名乗ることになっている）。行政サービスを受ける際においても法律婚で結ばれた夫婦関係を重視しており，法律婚をしていないカップルはあらゆる場面で不利益を被ることになる。

II　障害者同士・国際結婚のケース

　私はイギリス人男性と国際結婚をしている。そして，私たち二人とも脳性まひによる障害者である（脳性まひという一つのカテゴリーの中に入れられているが，私たちの症状はかなり異なっている）。国籍の違う二人が同じ国に住みたい場合，両方の国の法律で婚姻関係になる必要があるのだが，イギリスでの結婚は日本のように婚姻届けを提出すれば良いだけではなかった。

　私たちはイギリスの法律に従い，住んでいたキングストン・アポン・ハル市の Register Office（婚姻や出生の届け出をしたり，婚姻証明書等を発行してもらったりする役場）で「結婚したい宣言」をするための役人との面接を予約した。その後，予約した日に Register Office に結婚相手と一緒に行き，結婚に関する講義と担当者2名との1時間ほどの面談を受けた。お互いに結婚相手について知っているかをそこで確認された。Register Office には，これから結婚したい人が記載される帳面が設置されており，そこに私たちも結婚したいということを記載してもらった。その帳面は誰もが閲覧可能であり，その帳面に載っている人たちの結婚に異議のある人はいないかを確認するためにある。はっきりとは覚えていないが，確認に1カ月以上かかったと記憶している。無事に結婚できることを知らせる通知が届き，結婚式を挙げることができた。私たちの場合，ハルの市役所のホールで人前式を挙げた。イギリスの法律で婚姻関係になって，証明書などを得た後，在ロンドン日本国総領事館へ行き，日本の婚姻届を提出した。私の場合は戸籍のない外国籍の男性と結婚したため，夫婦別姓が法律的に認められた。

　夫婦別姓に関してイギリスでは何も困ることはなかったが，日本に帰国した当初，夫婦別姓であるがゆえ，行政手続きをする際に困りごとが出てきた。まず，転出入の際，市・区役所の職員が混乱し，何度も「ご夫婦ですよね？」と，尋ねられた。職場でもどのように対応すれば良いのか分からず

に，何度も夫婦関係について確認してきた。もちろん私たちは特殊なケースだと自覚していたつもりだったが，イギリスでの経験とあまりに異なるため，なぜ日本ではこのようなことが起こるのかという疑問が湧いてきた。

　他のカップルがそうであるように，私たちも良い時ばかりではなく，犬も食わぬ喧嘩を繰り返し，離婚の危機を何度も経験した。夫も私も哲学（現象学）を専門としている研究者である。トラブルの渦中ではそうもいかなかったが，今では私たちの経験を反省的に振り返り，どういう時に関係が悪化するのか自己分析できるようになった。まず，「夫婦だから何でも理解できるだろう」という前提に立つと，夫婦関係は悪化する。これは，国際結婚カップルにはあるあるだそうだが，実は日本人同士のカップルでも同じことが言えると，私は考えている。たとえ夫婦間であっても以心伝心はあり得ない。日常生活の中での困りごとや嬉しいことをお互いに語らないと，何も理解できない。

　イギリスで結婚式を挙げた直後，日本の家族規範を内面化していた私は，「いかにも日本の夫婦らしい生活」を望んでいた。ここで言う「いかにも日本の夫婦らしい生活」とは，夫が稼ぎ手で妻がサポート役を担うという規範に基づいた暮らしのことである。つまり，ジェンダー論や哲学を研究し，このような家父長制的な考え方を批判する立場にいた私は，自己矛盾を繰り返していた。そういう時に限って，彼が哲学者っぽく，「夫婦って何？」と私に問いかけた。愛があるだけでは夫婦にはなれない。「夫婦である前に，僕らは人間なんだと思う」と，彼がぽつりと答えたことを今でも覚えている。

　長年にわたり英語圏で暮らしてきたが，夫婦喧嘩の際，ネイティブの彼の英語と私の英語では語彙力・スピードの差が顕著に出てしまい，自分の考えや感情を言い表せないことがある。それだけではない，私は彼の語りを聞こうとしなくなる（彼

も同じことをしていると思う）。私の経験に照らせば，こういった時に自分の家族や友達に相談すると，おおむね夫婦関係というものは悪化する。なぜなら私の家族や友達は「私の立場」からしか私たち夫婦の状況が分からず，必然的に「私の考え方」の輪郭が（時には意に反して）よりはっきりしてしまうからだ。つまり，私と親しい人に問題を話すと，私の中にある夫に対する負の感情が誇張されて，収拾がつかなくなるのだ。

III　私たち夫婦を救った恩師の存在

　夫と私には共通の恩師と友人が数人いる。特に，その恩師の存在は私たちにとって非常に大きかった。私たち二人は同じ指導教員の下で博士論文を書き上げた。彼女は男性中心だった（現在でもそうだが……）哲学の世界で，女性や他のマイノリティの主体性について考えてきたフェミニスト認識論の先駆者である。障害のある学生も，英語を母語としない留学生も，子育てをしている学生にも寄り添って指導していた彼女に私たち夫婦は本当に救われた。彼女は私たち二人をそれぞれ指導し，それゆえ，私たち二人を別々に捉えてくれる稀な存在だった。

　ある日の午後，恩師とプライベートで話した。彼女は私の家族や友達とは全く違う立場で話を聞いてくれ，私の自己矛盾（内面化された規範（理想）と学んだこと（現実）の乖離）に気づき，その矛盾を一緒に言語化してくれた。私の自己矛盾は，単純に夫婦関係の問題というよりも，私自身の「夫婦」に対する認識の問題の方が大きかったようだ。前述したように，私たちの結婚は障害者同士の国際結婚であり，ロールモデルが存在しない。けれども，内面化された異性愛者と健常者規範に基づく理想の夫婦像を想い描き，その夫婦像に近づけない自分を責めて，私は夫と私自身を苦しめ続けていたのかもしれない。恩師と何度も話すうちに，私たちの夫婦の形は私たち二人で作っていくものだということがよく分かった。

　なぜ理想の夫婦像や普通の規範から外れると違和感を覚えるのか，そして感情的になるのかを考え続け，ある答えにたどり着いた。それは，お互いに自分の正当性を主張し続けて，自らの弱みや生きづらさを言語化できないままにしていたからだ。そのような分断が積み重なるとネガティブな経験だけが大きくなる。しかし，中立の立場でカップルの問題について傾聴してくれる人がいれば，一方向から見た世界ではなく，双方向・多方向から見た世界を捉えることができるようになる。「私」という存在と「私」とは異なる人（パートナー）を知るために対話が必要である。だが，そのような対話をするためには当事者同士だけではなく，恩師のように私たち両者の立場を客観的に見られる人が必要なのではないだろうか。マイノリティ当事者のカップルは，言語化しづらい経験をし続け，さらに自分をあてはめるようなモデルがない状態で生きている。だからマイノリティ当事者のカップルを固定観念や既成価値の枠で捉えようとすると，問題はいっそう大きくなりかねない。

　カップルを支援する臨床心理士に求められることは，私たちの恩師がしてくれたように，何よりもまずは傾聴，そして弱みと生きづらさの言語化だろう。そのことによって，カップルそれぞれが自己矛盾に気づくことができる。この気づきこそ，カップルの愛と親密性をキープできる鍵ではないだろうか。

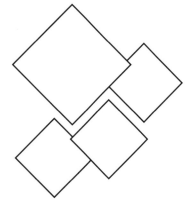

金剛出版オンラインイベント

アーカイブ動画 レンタル配信

金剛出版主催の過去のオンラインイベント（一部）のレンタル配信サービスをスタートいたしました。Vimeo（動画配信サイト）よりお申込み・視聴頂けますのでぜひご利用ください。

充実の講師陣でお届けする、オンラインイベントの熱気を再び！

◆配信イベント

収録日	イベント名
【2022年】	
11月30日	性暴力の被害者に心理職は何ができるか ──心理支援の可能性と私たちの限界 【演者】齋藤 梓・岡本かおり
11月14日	児童精神科入院治療の現在そしてこれから 【演者】齊藤万比古・岩垂喜貴
10月28日	ハームリダクションの活用と拡がり──理想と現実 【演者】松本俊彦・高野 歩・古藤吾郎・新田慎一郎
7月11日	複雑性PTSDとトラウマインフォームドケア 【演者】小西聖子・野坂祐子
5月16日	アーロン・T・ベックの認知療法 【演者】井上和臣・清瀬千彰・若井貴史
4月18日	コロナとメンタルヘルス 【演者】高橋祥友・和田秀樹
3月18日	対話はひらかれ，そしてケアがうまれる ──物語・ユーモア・ポリフォニー 【演者】横道 誠・斎藤 環・小川公代
3月 7日	認知行動療法のケース・フォーミュレーション 【演者】坂野雄二・中村伸一・遊佐安一郎
2月14日	日常生活で取り組めるウェルビーイングの育て方 ──ポジティブサイコロジーの視点 【演者】松隈信一郎
【2021年】	
12月17日	働く人の健康支援のはじめかた ──「産業・労働」分野で求められる心理職とは? 【演者】小山文彦・宮沢佳子・加藤綾華
10月 4日	物質依存／ひきこもりへのCRAFT 【演者】松本俊彦・境 泉洋・佐藤彩有里・山本 彩

Ψ金剛出版

東京都文京区水道1-5-16　電話 03-3815-6661　FAX 03-3818-6848
https://www.kongoshuppan.co.jp/

QRコードから
Vimeo金剛出版
オンデマンドページに
アクセスできます。

バックナンバー！

臨床心理学

Vol.23 No.5（通巻137号）［特集］**発達のプリズム**——神経発達から多様性の道筋をたどる

★ 好評発売中 ★

✴ 欠号および各号の内容につきましては，弊社のホームページ（https://www.kongoshuppan.co.jp/）に詳細が載っております。ぜひご覧下さい。

◉ B5判・平均150頁　◉ 隔月刊（奇数月10日発売）　◉ 本誌 1,760円・増刊 2,640円／年間定期購読料 13,200円（10%税込）※年間定期購読のお申し込みに限り送料弊社負担

◉ お申し込み方法　書店注文カウンターにてお申し込み下さい。ご注文の際には係員に「2001年創刊」と「書籍扱い」である旨，お申し伝え下さい。直送をご希望の方は，弊社営業部までご連絡下さい。

◉「富士山マガジンサービス」（雑誌のオンライン書店）にて新たに雑誌の月額払いサービスを開始いたしました。月額払いサービスは，雑誌を定期的にお届けし，配送した冊数分をその月ごとに請求するサービスです。月々のご精算のため支払負担が軽く，いつでも解約可能です。

Ψ 金剛出版　〒112-0005　東京都文京区水道1-5-16　URL https://www.kongoshuppan.co.jp/
Tel. 03-3815-6661　Fax. 03-3818-6848　e-mail eigyo@kongoshuppan.co.jp

原著論文

母親の養護が不十分だと感じている子どもの
学校における援助要請のプロセス
回顧的な振り返りより

柳百合子

東京大学大学院教育学研究科

　母親の養護が不十分だと感じる子どもが，家庭の悩みに関して学校にて援助要請をする難しさが指摘されている。子どもが援助を求めるときと求められないときの違いを理解することは，援助要請の促進・阻害要因を検討する上で重要である。そこで本研究では学校で援助要請が生起する過程を検討した。

　Parental Bonding Instrument の結果から母親の養護が不十分であったと判断された大学生・大学院生 16 名にインタビューを行い，小中学生までの担任教師と同級生への援助要請行動に関する語りをグラウンデッド・セオリー・アプローチにて分析した。

　その結果《本人性格》は援助要請を調整し，特に【連絡がいく不安】は援助要請を抑制し，【担任教師の印象】および【担任教師の対応（肯）】を経て援助要請促進に繋がる。さらに，【同級生との肯定的関係】は援助要請を促進することが示唆された。そこで，家庭と学校の境界性，自己開示に着目し，担任教師や同級生の関わり方を考察した。

キーワード：母親，養護，学校，グラウンデッド・セオリー・アプローチ，援助要請

臨床へのポイント ・・

- 学校から母親に連絡がいく不安は，母親の養護が不十分だと感じる子どもによる，学校での援助要請を抑制する可能性があるため，新年度初期に家庭との情報共有の過程について十分に説明することが重要である。

- 担任教師の印象と肯定的な対応を経て，援助要請の促進に繋がるため，児童生徒の 1 日の様子に関する即時的な対応と，児童生徒が積極的な援助要請可能な性格かどうかを把握する継続的な対応の必要性が示唆された。

- 同級生への自己開示を通した肯定的関係構築により，援助要請が促進されることが示唆された。そこで，援助要請を受けた側の児童生徒の対応についての心理教育が有効であると考えられる。

・・

Japanese Journal of Clinical Psychology, 2023, Vol.23 No.6 ; 693-705

受理日──2023 年 5 月 12 日

Ⅰ　問題と目的

　親との絆は，子どもの健全な発達に関わることが指摘されている（Bowlby, 1969）。特に，親の養育態度のあり方は，子どもの精神的健康や問題行動にも関わり（Hoeve, Dubas, Eichelsheim, van der Laan, Smeenk, & Gerris, 2009 ; Yap, Pilkington, Ryan, &

Jorm, 2014），親の養育態度は子どもの健全な発達にとって重要である。このような養育態度の 1 つに，養護（care）がある。養護とは，感情的な暖かさ，共感性，愛着，親密性を合わせた養育態度と定義され（小川，1991 ; Parker, Tupling, & Brown, 1979），本研究でも上記の定義を採用する。さらに，母親の養護が不十分であったと子どもが感じていた場合には，他の養育態

度の，幼児扱いし，支配的な態度で接する過保護（over protection）（小川，1991）と比較して，成人期以降の抑うつ等の精神疾患の症状に，より影響を及ぼすことが確認されている（Yen, Tam, & Lee, 2021）。さらに，子どもの発達に顕在的，潜在的に影響を及ぼす行為は，不適切な養育であると定義されており（World Health Organization, 2022），不適切な養育には心理的虐待やネグレクトが含まれる。したがって，母親の養護が不十分であると子どもが感じる養育は，不適切な養育の1つといえる。そのため，早期に介入する必要がある。

　母親の養護が不十分だと感じられる，不適切な養育下で育ちながらも，肯定的な学校環境が，不適切な養育からの克服を促進することが指摘されている（Khambati, Mahedy, Heron, & Emond, 2018）。不適切な養育を受けた子どもにとって，友人と担任教師との肯定的な関係や援助は，不適切な養育の悪影響を緩和し得る（Ban, & Oh, 2016；Yokoyama, Tomizawa, Sato, Kobayashi, Katsushima, & Katsushima, 2018）。

　具体的に，先行研究において，対人関係に関して，学校での友人や教師からの社会的支援が，生徒の問題行動を減らすことが示されている（Baker, Grant, & Morlock, 2008）。さらに，仲間や教師に対する安全な愛着が保護因子であり（Hughes, & Cavell, 1999；Yule, Houston, & Grych, 2019），教師や友人との信頼度が高いほど，感情や行動の問題の程度が低い（Ban, & Oh, 2016）。そこで，本研究では，学級という単位に着目し，担任教師と同級生に焦点を当てることで，支援の方針について検討することを目指した。

　また，担任教師や友人への学校での悩み相談や自己開示が，学校適応に肯定的な影響を及ぼすことが確認されている（岡田，2006；小野寺・河村，2002）。したがって，学校において，母親の養護が不十分だと感じている子どもは，担任教師や友人に援助要請し，悩みを相談することが重要である。

　しかし，家庭の問題について他者に援助要請をすることは難しく，家庭の問題に関する援助要請の割合が低い可能性がある（Yablon, 2020）。一般的な援助要請を妨げる要因として，社会的スティグマや，介入への恐れなどが挙げられている（Vogel, Wester, & Larson, 2007）。さらに，家庭の問題に関して援助要請するにあたり，そもそも何が不適切な養育なのか認識できてない，援助要請後の影響に関する不安が喚起されるという問題がある（McElvaney, Greene, &

Hogan, 2014；Schaeffer, Leventhal, & Asnes, 2011）。そのため，家庭の問題に関する援助要請のプロセスは，一般的な援助要請のプロセスより複雑である（Yablon, 2020）。つまり，母親の養護が不十分だと感じている子どもは，援助が必要でありながら援助要請ができず，学校で援助を十分に受けられていない可能性がある。

　しかし，学校における援助要請に関する研究は，学業や友人関係等の学校内に限られた悩みや，広く一般的な悩みに関する援助要請に限定され（本田，2015b），現在，我が国において，家庭内の母親に関する悩みに着目した子どもの学校における援助要請のプロセスは未解明である。さらに，母親の養護が不十分だと感じている子どもが，学校で援助を求めるときと求められないときの違いを丁寧に理解することは，援助要請の促進・阻害要因を検討し，援助要請の生起過程を理解する上で重要である。以上より，具体的なエピソードに基づいた質的研究による検討を通して，母親の養護が不十分だと感じている子どもの，学校における援助要請が生起されるプロセスについて理論モデルを生成し，学校現場で応用される必要があるといえる。

　さらに，令和2（2020）年度の児童虐待対応件数は，205,044件になり，過去最多件数を更新し続けてきている。被虐待児を年齢層別にみると，小学生が34％と最も多く，小中学生の割合が47.8％であり，小中学校の果たす役割が重要であるといえる（厚生労働省，2021, 2022）。また，ヤングケアラーは中学2年生の17人に1人が当てはまる（文部科学省，2020）。このように，家庭の問題に苦悩する子どもが，各学級に所属していることを考慮すると，子どもにとって最も身近な公的機関である学校で，家庭の問題について援助を求める援助要請のプロセスを示すことは，社会的な意義があるといえる。

　そこで，本研究では，母親の養護が不十分であったと感じる者を研究協力者とした。さらに，青年期は，過去の出来事を振り返りつつ，過去，現在，未来の自分を統合的にとらえることが指摘されている（都筑，1999）。そのため，過去の母子関係について，青年は時間的展望の観点から自らの体験を統合的に捉えることが可能であるといえる。そして，大学生・大学院生は，母親との物理的・心理的距離が高校生までと比べて広がり，自らの体験について客観視できる可能性が高い。倫理的配慮の側面からもインタビューにより問

題が生じた際,学生相談室にてフォローアップ可能で,自らの意思にて研究に同意可能な大学生・大学院生を対象とした。

さらに,義務教育期間の9歳以降に知的な発達段階の節目がある(中村,2010)。したがって,義務教育期間である小学4年生(9歳)から中学3年生の間で,母親の養護が不十分だと感じている児童生徒に,担任教師はどのように働きかけることで援助要請が促進されるのかをリサーチクエスチョンとした。そして,担任教師および同級生との関わりに着目して,①母親の養護が不十分だと感じている子どもの援助要請を促進,抑制する要因は何か,②どのようなときに援助要請をしてきたのかを明らかにして,母親の養護が不十分だと感じている子どもの学校における援助要請のプロセスに関する理論モデルを生成することを,本研究の目的とした。

II　方法

1　質的研究法の選択

本研究は,言語データから小中学生における母親の養護が不十分だと感じている子どもの援助要請の体験に関する共通性を取り出し,理論モデルの構築を目的とした。当事者の主観的体験を実態に即して捉えることを目的とする場合は,質的研究法が有効とされている(能智,2011)。さらに,グラウンデッド・セオリー・アプローチ(以下,GTA)はボトムアップの理論モデルの構築を目的とし,コーディングパラダイムによりプロセスを把握することができ,本研究の目的と合致するため,GTAを援用した。本研究ではGTA(Strauss & Corbin, 1998)の方法に準じて分析を行った。具体的な手順は分析の手続きで後述する。

2　研究協力者および選定基準

母親の養護が不十分であったと感じる者を,研究協力者として選定するため,同質な対象,(Holloway, & Wheeler, 2002/2019)に準拠して,以下の基準の下にリクルートを行った。まず,Parker et al.(1979)が作成した子どもからみた親の養育態度の自覚的評価尺度を,さらに小川(1991)が翻訳したParental Bonding Instrument(PBI)日本語版を用いて,421名にアンケート調査を行った。母親の養育態度のカットオフ値は,Parker et al.(1979)により養護項目が合計27点未満であり,27点未満が低養護と定められ

ている。したがって,1点目の基準は,小学4年生から中学3年生までの母親の養育態度を想起してもらうアンケート結果から,母親の養護の不十分さを示すPBI(小川,1991)の養護の得点が27点未満ということだった。2点目の基準は,小学生4年生から中学3年生の期間で最も悩んだ親として「母親」を選択したことであった。

研究協力の依頼は,大学の講義におけるアンケート調査を通して行われた。学生と連絡をとり,同意が得られた11名にインタビューを実施した。さらに,Webアンケートにより募集し,研究協力者を5名追加し,1都1府1県の16名の学生を対象とした(表1)。

研究実施者全てのインタビューは,臨床心理学の学士号を取得し,修士課程で臨床心理学を修める者により行われた。なお,データ収集,分析の各段階において,臨床心理学専攻の教員と博士課程の学生のチェックを受け,積極的に筆者の印象を述べることで,筆者のバイアスを修正した。

3　データ収集方法

面接形態は半構造化面接であった。面接実施時間は,1時間程度であると説明し,インタビュー後半にて,インタビュイーが,追加したい語りがあった場合,30分程度延長した。場所は,筆者の過去および現在所属している大学内の教室等を利用した。調査時期は2019年8月から10月であった。

4　質問の構造

調査前に,リサーチクエスチョンに基づき,研究目的に合わせたインタビューガイドを作成した。小学4年生から中学3年生の期間に,母子関係で悩んだ状況/悩みをどのように対処したか/援助になったもの/援助をどう感じたか/援助につながったきっかけ,を質問の主軸とした。インタビューガイドについて,研究協力者の経験の意味づけをできるだけ自由に語ってもらうような質的なインタビューでは,一般にインタビュアーの価値観を暗黙のうちに伝えたり,回答を限定したりしてしまう可能性が高いため(能智,2013),インタビューの冒頭では,特定の人物を指定せずに,支えになった人や物とし,広範囲の援助要請体験について尋ねることとした。また,インタビューの後半では,担任教師と同級生への援助要請体験に関する語りが得られなかった場合,追加質問することとした。

表1　研究協力者の概要と選択基準

ステップ	協力者	性別	PBI	年齢	学年	所属大学	要請対象
1	A	女性	3	19歳	学部2年生	私立A	担任教師，同級生
	B	女性	5	20歳	学部2年生	私立A	担任教師，同級生
	C	女性	6	23歳	修士1年生	私立E	担任教師
	D	女性	10	20歳	学部2年生	私立A	同級生
2	E	男性	19	28歳	博士3年生	国立D	担任教師，同級生
	F	男性	20	20歳	学部3年生	私立A	同級生
	G	女性	20	23歳	修士2年生	私立E	担任教師
	H	女性	20	23歳	修士2年生	私立C	担任教師，同級生
	I	男性	20	28歳	修士3年生	国立D	担任教師，同級生
3	J	男性	23	21歳	学部2年生	私立A	担任教師，同級生
	K	女性	24	19歳	学部1年生	私立B	担任教師
	L	女性	25	18歳	学部1年生	私立B	担任教師
	M	女性	25	22歳	学部4年生	私立A	担任教師，同級生
	N	女性	25	24歳	学部2年生	私立A	担任教師
	O	女性	25	26歳	修士2年生	私立E	担任教師
	P	男性	26	18歳	学部1年生	私立A	担任教師，同級生

5　分析の手続き

　本研究では，データ収集と分析を分け，選択基準に基づくステップごとに分析を行った。サンプルの属性によるデータ分析を「ステップ」とすると，分析過程は3ステップとなった。具体的な選択基準は，PBIの得点を用いた。PBIの得点は，感情的な暖かさ，共感性，愛着，親密性を合わせた養育態度であると子どもが感じられるような，子どもの頃の親の養護の多さの程度を示している。さらに，不適切な養育は，その深刻度に段階がある（市川，2011）。そして，この不適切な養育の程度と養護の程度の間には，不適切な養育が深刻であるほど，養護が少なくなるという負の関連がある。（Baker, & Verrocchio, 2015）。したがって，本研究では，養護の多さの程度を段階として捉えた。さらに，抑うつ症状の患者のPBIの値（平均値：19.9点，平均値−1標準偏差：9.4点）に基づき（Parker, 1979；Plantes, Prusoff, Brennan, & Parker, 1988；Sato, Uehara, Sakado, Nishioka, Ozaki, Nakamura, & Kasahara, 1997），研究協力者は3ステップへ振り分けられた。ステップ1は，より低養護であった者の語りから基礎的なカテゴリーを生成することを目的とした。先行研究に基づき（Parker, 1979；Plantes et al., 1988；Sato et al., 1997），PBIがカットオフ値未満の者の中でも特に，得点が低く，典型性・代表性（representative）をもつ事例として（やまだ，2002），

①PBIの得点が10点以下の者を選定した。このPBIの得点の低さが示す，養護の不十分さと心理的虐待やネグレクトは，不適切な養育に含まれる近似した概念であることから，このステップ1の対象者は，心理的虐待やネグレクトを経験した対象者である可能性があるといえる。②ステップ2では，PBIの得点が中程度の，11点から20点以下の者を選定，③続いてステップ3では，PBIの得点が高い，21点からカットオフ値である27点未満の者を対象とし，カテゴリーの精緻化を行った。

　分析では，録音データを逐語化し，トランスクリプトを作成した。その後，意味内容ごとに小部分に区切り，意味を解釈して切片化した。分析初期であるため，小部分は細かく区切った。得られた切片のコーディングを行い，意味内容の近いラベル同士をまとめてカテゴリーを生成した。さらに，生成したカテゴリー同士を比較して関連付けを行い，より抽象度の高い上位概念を見出した。初期のカテゴリーを下位カテゴリーとし，下位カテゴリーの上位概念としてのまとまりをカテゴリーと名付けた。カテゴリーおよび下位カテゴリーは，類似の意味内容を持つもの同士でまとめ，さらに上位概念として上位カテゴリーを生成した。得られた，上位カテゴリー，カテゴリー，下位カテゴリーの一覧を「状況」「行為／相互行為」「帰結」で構成されたパラダイムで分類した。トランスクリプトで語り

の展開から関連を検討した上で，カテゴリーを統合し，カテゴリー関連図を作成し母親の養護が不十分だと感じている子どもの援助要請の理論モデルとした。なお，上位カテゴリーを《　》，カテゴリーを【　】，下位カテゴリーを〈　〉，発言内容の引用は「　」により表記した。

6　分析の質の担保

本研究では，分析から得られたカテゴリー名やカテゴリー間の関連等の結果の妥当性を高めるため，臨床心理学専攻の教員と博士課程の学生および GTA の検討会により，内容が検討された。さらに，研究協力者に確認してもらうメンバーチェックを行った。

7　倫理的配慮

研究協力者の募集時に研究の概要と目的，研究協力の任意性と撤回および中断，質問に対する拒否の自由，個人情報の保護，研究目的以外でデータを使用しないこと，研究成果の公表方法に関して記載された文書を送付した。そして，理解および同意を得た者と連絡を取った。さらに，インタビュー実施前に，再度説明し，文書と口頭にて同意を得た。インタビュー時に研究協力者が心理的負担を感じた際には，インタビューを中断し，インタビュー後も青年期臨床の経験を有する研究者からフォローアップ面接を受けられると説明した。本研究は東京大学の倫理審査委員会審査の承認を得て実施された。

III　結果と考察

1　分析のプロセス

ステップ 1 では，PBI の値が最も低い研究協力者を分析対象とし，明確化した結果を見出し，網羅的に問題点をまとめ，土台となるカテゴリーを作成した。ステップ 2 では，PBI の値が中程度の群を分析対象とし，ステップ 1 の研究協力者で作成したカテゴリーの違いや拡張がないかを確認し，バリエーションの把握をした。ステップ 3 では，PBI の値が高い群で，ステップ 1，2 以外のカテゴリーがないか，理論モデルの妥当性を確かめた。精緻化した結果を表 2 から表 4 に示した。語りの展開から上位カテゴリー，カテゴリー，下位カテゴリーをまとめ，カテゴリー関連図を作成し，図 1 に示した。上位カテゴリーは，《関わりへの反応》《同級生との関わり》《本人性格》《担任教師との関わり》《話

した後の感情》が得られた。またカテゴリーの 1 つとして【母親の養護の不十分さ】が得られ，〈暴言〉〈過剰な叱責〉〈過干渉〉〈無干渉〉〈無理解〉〈期待〉〈話し合えない〉〈関係悪化〉から構成されていた。

分析では，養護教諭や習い事の先生等の他の要因に関する語りもみられた。質的研究では，分析において研究課題に合わせて焦点を当てる必要性があり，データやコードを選択することがある（de Casterlé, Gastmans, Bryon, & Denier, 2012；関口，2013；Strauss & Corbin, 1998）。したがって，研究課題に合わせて，担任教師や同級生という学級要因に本研究では焦点を当てて分析を行った。

2　ストーリーライン 1――担任教師への援助要請プロセス

まず，自分の母親は他の家庭の母親とは違うと〈違和感〉が抱かれ家庭での【問題として認識】されることで，子どもが家庭の外で，担任教師に相談する【担任教師へ援助要請】を試みることに向かう（J「やっぱりおかしいと思うんですよ。聞いてて言ってることも，やってることも」）（F「小学校では，そうですね。家の事をしっかりと話した相手はいなかったです。結局，整理が付いてなかったなと思います」）（D「小学校の時は特に何も思っていなくて，中学校 1 年生になった時に（略）私も中 1 でいっぱいいっぱいだったのにお母さんに言ってもあんまりっていう感じのことが多くて，最初の方どうしようって思ってずっと悩んで」）。なお，家庭内の問題である【母親の養護の不十分さ】が家庭外に持ち出される場合，【内と外】という境界を心理的に超えることが求められる（E「そういうのもあって外には言えないっていうのが，うちはうち，外は外，関係がないっていう切り離してて」）（F「しんどいなりに家の問題だ，みたいな意識があった。きっとあったけど，その時はやっぱり先生には言えず」）。

さらに，【内と外】の境界を超えた後に【担任教師へ援助要請】を促進，抑制する要因として《本人性格》【連絡がいく不安】【担任教師の印象】がある（P「先生がいて自分がいて親がいて三者面談みたいなそんなことしたくないなみたいな」）。しかし，【内と外】を超えて家庭の外に【母親の養護の不十分さ】に関する悩みを持ち出そうとしても，担任教師に自らの家庭や母親に関する悩みについて話すことで，担任教師から

表2　状況に含まれる生成されたカテゴリーと発言例

上位カテゴリー	カテゴリー	下位カテゴリー	発言例（協力者）
	母親の養護の不十分さ	暴言	この家にいるな，ご飯も食べなくていいとか（A）
		過剰な叱責	成績が下がってからは結構怒られて，結構怒られると言うかそれも本当に，全部一挙手一投足を怒られるようなレベルで（T）
		過干渉	悩みですか，私，私が一人っ子だったから分からないんですけど，全部監視されてると言うか過保護みたいな感じで（T）
		無干渉	昔から褒めてほしいなってときにも，軽くあしらわれるような感じだったんで，そういうのは小さい頃から感じてた（F）
		無理解	私の気持ちに弱いなって人の気持ちを察するのがすっごい弱いんですうちの母親（M）
		期待	何て言うか……母はどっちかって言うか，理想の子ども像みたいなのがあってそこに合うようなものであればすごくプラスなんですけども（C）
		話し合えない	無視されるんで諦めるしかないやみたいな（P）
関わりへの反応		関係悪化	その繰り返しがおこっていて，寝る前に後悔して（L）
	問題として認識	他の家庭でもあること	本当に意識してなかったそれが普通なんだと思い込んでた（E）
		違和感	やっぱりおかしいと思うんですよ。聞いてて言ってることも，やってることも（J）
	内と外	学校から家に持ち込めない	親に言うとことが大きくなりそうで，言うほどのことでもないし（A）
		内と外で態度違う	両親が家と外をしっかり分けているんですよね，態度が違うんですか態度が違う違うっていうのがあってなんか（E）

表3　行為／相互行為に含まれる生成されたカテゴリーと発言例

上位カテゴリー	カテゴリー	下位カテゴリー	発言例（協力者）
同級生との関わり	同級生へ援助要請	話す	友達と話しててそういう話が出た時に，それうちでもあるわ，みたいな話をやってました（K）
		話さない	何か言うのは大丈夫だけど逆が出来るかつったら無理かな（L）
	同級生との肯定的関係	同級生への肯定的認知	友達は本当に優しかったです（P）
		同級生との時間共有	毎日一緒にいるので毎日同じことしてるんで安心感がすごいあって裏切られへんと思って（L）
		同級生との肯定的関係構築	話せるだけでことあるごとに声をかけてくれたので助けになりました（P）
本人性格	内向的		内向的なのかなと思うんですけど（L）
	外向的		外向的ですね，新しいとか大好きなんですね，社交的なんですか（O）
	連絡がいく不安		嫌だったのじゃないですか。また面倒くさいことが始まるのじゃないのかなとか（P）
担任教師との関わり	担任教師の印象	肯定的	みんなをあだ名で呼んでくれたりとか，なんかこうオープンだったんですよね（H）
		否定的	特に担任の先生なんてほぼ他人の扱いだったんで，ひどい場合人間じゃないって思ってたんで（M）
	担任教師へ援助要請	話す	お母さんに何も聞いてもらえへんていうのを一回目言った気がする（L）
		話さない	家の事はあまりしゃべらなかったですね（K）
	担任教師の対応（肯）	理解	ただ生徒がこういう風に考えてるっていうのちゃんと意識して言ってくれたんだろうなみたいなのは，思いますね（O）
		個別的対応	ノートで色々あったこと書いてって言われてそれを先生が見てあげるって言われて，それも多分大きかったと思います（L）
		助言	（母親に本音を）言ってみって言われて（L）
		専門職超越	元気ないじゃんみたいな先生と生徒とよりは友達感覚ですごく話してくれて（O）
	担任教師の対応（否）	無理解	でも一回高2のときに熱心な先生がいらっしゃって普通に好きでしゃべていたんですけど，軽く家庭の話をしたときに，家族なんだから話せば分かるよって言われて（A）
		トラブル対応不可	私が全般的に悪いんでしょ，私のほうだけごめんなさいしましょう，みたいな感じやったんで（M）
	担任教師への反応	肯定的	中学校の担任の先生は人として信頼できるっていう感じで（N）
		肯定的	分からない人に話してもしょうがないなって（A）

表4　帰結に含まれる生成されたカテゴリーと発言例

上位カテゴリー	カテゴリー	下位カテゴリー	発言例（協力者）
話した後の感情	すっきりする		すごいスッキリ解放されたと言うか（O）
	すっきりしない		スッキリはしなかったです別に（P）

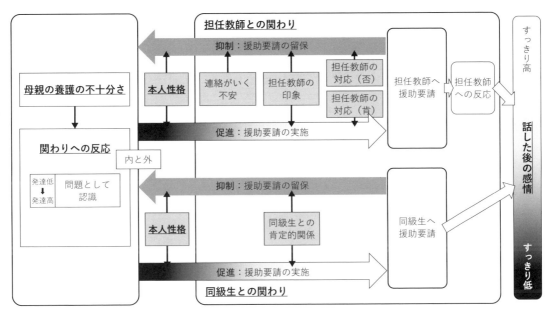

図1　母親の養護が不十分だと感じている子どもの学校における援助要請プロセスのカテゴリー関連

家庭に連絡がいくことを心配する【連絡がいく不安】により【担任教師へ援助要請】が抑制される（O「やっぱりどっかで信頼している先生でもやっぱりどうせ年度末とか親に話しちゃうんじゃないかとか，締めには何が絶対そのそういう保護者会とかそういう時には出て話すだろうと思ったのでその心配はあって」）（L「もし（先生に）言って，お母さんに，来はりましたとかそんなん言われたらもうやばいとか思ってどんどん考えちゃって絶対行かなかったですね。先にもしそういうのはないよって言われてたらちょっと行けたと思います」）。さらに，《本人性格》のためにも【担任教師へ援助要請】が促進または抑制される（O「外向的ですね，新しいとか大好きなんですね，社交的なんですかね」）（I「僕の性格は引っ込み思案が強い。あれですね傷つくことに対してものすごい抵抗感がある」）。加えて，〈肯定的〉〈否定的〉な【担任教師の印象】のためにも【担任教師へ援助要請】が促進または抑制される（H「みんなをあだ名で呼んでくれたりとか，なんかこうオープンだったんですよね」）。

【担任教師へ援助要請】を受けて，担任教師により，肯定的な対応，否定的な対応の【担任教師の対応（肯）】【担任教師の対応（否）】が行われる。【担任教師の対応（肯）】とは，児童生徒を〈理解〉し，〈個別的対応〉を行うような対応である（D「ひとりひとりの個性とか分かってくれたんですよね」）（A「ほんまに1日に1時間だけ授業を受けて帰るとかも許してくれたし」）（L「ノートでいろいろあったこと書いてって言われてそれを先生が見てあげるって言われて，それも多分大きかったと思います」）。【担任教師の対応（否）】とは，〈無理解〉〈トラブル対応不可〉のような対応である。このような対応に対して，〈肯定的〉〈否定的〉反応のような，当事者の【担任教師への反応】が生じる（N「中学校の担任の先生は人として信頼できるっていう感じで」）（E「もうこれは先生に頼ってもしょうがないなみたいな」）。このように担任教師への援助要請が抑制された場合，援助要請することをやめて，家庭内に問題に留めておくことになる。つまり，母親の養護の不十分さが及ぼす担任教師への援助要請に向けられた影

響に加えて，担任教師への援助要請と母親の養護の不十分さとの間には，担任教師により援助要請が，留保されたり実施されたりするような，調整される関係があるといえる。これらの行為／相互行為を経て，《話した後の感情》に帰結する（K「とりあえず，(先生に) 言って涙が出るみたいな，ちょっとすっきりしていく感じはあったと思います」)。

3　ストーリーライン2──同級生への援助要請プロセス

【問題として認識】された場合，家庭の外に援助要請を試みるように向かう。まず，【同級生へ援助要請】を行うことを促進，抑制する要因として《本人性格》〈同級生との肯定的関係構築〉がある。ストーリーライン1と同様に，対人関係に関わる《本人性格》により【同級生へ援助要請】が促進または抑制される。【外向的】な場合，【同級生へ援助要請】が促進される。

さらに，〈同級生との時間共有〉を行い，〈同級生への肯定的認知〉が生じ〈同級生との肯定的関係構築〉される過程を経て，【同級生との肯定的関係】が構築される（L「毎日一緒にいるので毎日同じことしてるんで安心感がすごいあって裏切られへんと思って」)(J「(学級内が) 大グループ化していてそれが割と成立していた。(中略) でもそれはそれで仲が良くってそこにある感じはありました。先生も，そこにある空間をまとめて成立させる人」)。この【同級生との肯定的関係】により【同級生へ援助要請】が促進される。【同級生へ援助要請】が促進され，同級生に〈話す〉対応につながる（K「友達と話しててそういう話が出た時に，それうちでもあるわ，みたいな話をやってました」)(J「それ(話すことは)すごくよかったです」)。ストーリー1と同様に，援助要請が抑制された場合，援助要請することをやめて，家庭内に問題に留めておくことになる（N「それであんまり話せる友達がいなくて，相談はしづらかったかなって」)(I「それかどうかと分からないですけどあんまり友達ができなかった」)。つまり，母親の養護の不十分さが及ぼす同級生への援助要請への影響に加えて，同級生への援助要請と母親の養護の不十分さとの間にも，同級生により援助要請が，留保されたり実施されたりするような，調整される関係があるといえる。このような相互行為を経て，ストーリーライン1と同様に，帰結につながる。

4　考察①──援助要請を抑制する要因（内と外）

本研究において，家庭が閉鎖的であると，母親の養護の不十分さについて，家庭の外に相談することが躊躇されることが示唆された。具体的なエピソードからも，家庭の問題は「家の問題」として家庭内で解決すべきであるという意識がうかがえ，家庭と学校との心理的な境界が厚いことが考えられた。細辻（2013）によると，家族は，個人に対して心理的な安定性をもたらす「避難所」として機能し，家庭はリスクから守られる拠り所であり安全の源泉であったと述べられている。したがって，本来，家庭の閉鎖的な特徴は，外からのリスクから家族を保護する役割があり有益であったと思われる。しかし，近年，家庭は家族の絆が弱化し，個人化することにより，家族がリスクの源泉となる可能性がある（細辻，2013）。以上のような，安心感を得られる場所でありながら，母親の養護の不十分さを有するという両価性が，閉鎖的な家庭に内包された子どもが自らの家庭や母親を問題として認識し，外に援助要請することを躊躇させているのではないだろうか。

また，理論的には，養護の不十分さと過保護についてPBIにおいて，独立した下位因子と想定しているが，小川（1991）によると，日本独自の文化として，養護の不十分さと過保護の項目が一部高く相関すると指摘され，実際には，養護の不十分さと過保護は一部相関する概念であると推察される。その結果，養護の不十分さを経験した研究協力者が，過保護も同様に経験しているためカテゴリーとして本研究でも挙がってきたことが考えられる。

さらに，発達段階に関して，以下のような語りが得られた（F「小学校では，そうですね家の事をしっかりと話した相手はいなかったです。結局，整理が付いてなかったなと思います」)(D「小学校の時は特に何も思っていなくて，中学校1年生になった時に（略）私も中1でいっぱいいっぱいだったのに，お母さんに言ってもあんまりっていう感じのことが多くて，最初の方どうしようって思ってずっと悩んで」)。したがって，小学生と中学生で母子関係の変化があることが推察された。これは，結果で得られた【問題として認識】の中に，発達段階によるバリエーションの違いが含まれていると考えられる。

5　考察②──援助要請を抑制する要因（連絡がいく不安）

　さらに本研究にて，家庭に関する相談内容が共有される不安を抱えていることが確認された。本田（2015a）によると，被援助者のうち「身近な人に相談したいがしない」タイプがいる。これは，相談への抵抗が期待を上回り，行動できないタイプであるとされている。したがって，担任教師に相談することで，学校から家庭に連絡がいく不安もこのタイプと類似していると推察される。一方，本研究より，この連絡がいく不安は，同級生に自らの家庭について話す際には見られなかった。これは，担任教師の場合，家庭と学校という内と外の境界が明確に意識されるのではないかと考えられる。公共性に根ざす学校教育と私的領域としての家庭の対立が指摘されており（平井，2018），家庭という私的空間に関する事象を学校という公的空間に持ち込むことは，両者の境界を壊し，児童期，思春期における当事者の新たな世界を構成していく過程であるため，躊躇いが生じている。さらに，両者が交差することで事態を予期できない恐れが生じるのではないかと考えられる。この躊躇や恐れは，学業や関係性に関する悩みについて担任教師に援助要請するプロセスとは質が異なるものである。

IV　結論──実践への示唆

　担任教師に関してのみ，連絡不安により援助要請が抑制されることが新たに示された。これまで学校に関する悩みや一般的な悩みに限定されてきた子どもの学校での援助要請のプロセスから，母親の養護の不十分さという家庭の悩みに関する援助要請のプロセスについて発展的に検討することができたといえる。また，担任教師と同級生の肯定的対応や肯定的な関係構築や外向的な性格により援助要請が促進されることが，実際のインタビュー内で得られた語りから示された。
　これは，従来言われてきたような，被支援者の特性に合わせた，支援者の個別的な対応や支援者と被支援者との関係構築の重要性が，実際にインタビューを実施し，当事者の語りを積み重ねることで確認された結果である。したがって，本研究を通して，既存の理論的枠組みを，当事者の語りを通して確認することができたといえる。国内では，学校が家庭に対する支援機関としてその重要性を文献上で指摘されてきたものの（中島，2007），国内における援助要請研究において，

親子関係に焦点を絞り，当事者の語りを定性的に分析，検討する質的な研究が実施されてきていない。本研究で得られたカテゴリーや理論モデルは，当事者の現実に即した体験や声について，学術的手続きを通してまとめられ，生成された知見である。さらに，既存の援助要請の研究に親子関係の視点を加えた理論モデルとしての新規性を有するといえる。
　この明らかにされた理論モデルに基づき，以下の援助方法が提案される。担任教師と同級生の違いとして，担任教師への援助要請時には，家庭への連絡不安があることが示された。このような課題を克服するにあたり，守秘義務の問題が関わることが考えられる。現在，学校では，チーム内守秘義務として，児童生徒の情報を，当該児童生徒に関わる者が，共同に持つことが求められている（長谷川，2007）。そのため，担任教師に相談したとしても他の教職員と相談内容が共有される場面があるといえる。しかし，長谷川（2007）によると，守秘義務の問題に関しては，一律の解決策ではなく，個別的な対応が求められると指摘している。さらに，守秘義務の問題に関して，子どもと話し合いを続け，情報共有への了解を得る努力が必要であるとされている（一場，2016）。さらに，児童虐待を受けている児童生徒の相談意欲に対して秘密保持性と援助者への信頼が重要であることが確認されている（Yablon, 2020）。本研究においても，情報共有に関する懸念が確認された。特に，担任教師に関しては，児童生徒は，三者面談や家庭訪問の機会において，担任教師から母親に関する相談内容の情報が共有されることが懸念されていた。一方で，児童虐待対応では，守秘義務の範囲を超えて通告義務が存在する（厚生労働省，2000）。したがって，通告や情報共有に至る過程を児童生徒の心情に配慮して進めていく必要があろう。具体的に，新年度の初期に児童生徒が抱える悩みについて，共有する情報の範囲や過程について児童生徒に対して十分に説明しておくことで，児童生徒の不安を軽減させ，より安心して援助を求めることが促進されると考えられる。実際に児童生徒から相談があった場合，即座の保護者への連絡ではなく，情報共有の際には，児童生徒にあらかじめ確認した上で行うという過程を理解してもらうことが重要である。
　さらに本研究から，担任教師の肯定的な対応が，担任教師への援助要請を促進することが確認された。担任教師の肯定的な対応には，児童生徒の日々の心身の

調子に合わせた，授業参加への許可のような対応や，児童生徒の性格を理解した上での対応が含まれていた。つまり，1日の様子を観察して児童生徒の調子を把握する即時的対応と，積極的な援助要請可能な性格かどうかのような，新年度から児童生徒の性格を把握しようとする継続的な対応が望まれる。

さらに，積極的な援助要請が難しい児童生徒に対しては，ノートや連絡帳等にて援助を求める方法の提案も可能だろう。先行研究より，援助要請の方法が多様化していること，援助要請の成否では，個人の認知や動機付けのような自己責任に帰すのではなく，相談しやすい学校環境づくりの重要性が指摘されている（本田，2020；渡部・永井・桑原，2014）。

以上より，援助要請を促進するためには，担任教師の即時的，継続的な対応に加えて，積極的に援助要請が困難な児童生徒に対して，援助要請の方法を多様化するような工夫をし，援助要請がしやすい環境にしていくことで援助要請を促進する可能性があるといえる。

同級生に関しては，松崎・瀬尾・鈴木（2016）による実践報告から，児童らの話し合いをコーディネートし，教師と児童がともに学級づくりを進めることは学級への満足度を高めるために重要であると報告されている。本研究では，「（学級内が）大グループ化していてそれが割と成立していた。（中略）でもそれはそれで仲が良くってそこにある感じはありました。先生も，そこにある空間をまとめる成立させる人」（J）という語りや，「同級生との時間共有」というカテゴリーも得られた。したがって，学級雰囲気に対して影響力を有する担任教師は（三島・宇野，2004），同級生との時間共有の場を設けることが重要であると想定される。

さらに，先行研究では，親密な友人関係構築のためには自己開示が重要であることが確認されている（岡田，2008）。本研究では次のような語りが得られた（K「友達と話しててそういう話が出た時にそれうちでもあるわ，みたいな話をやってました」）（J「それ（話すことは）すごくよかったです」）。このことは，同級生から自己開示された結果，共感し合うことを通して親密になり，「同級生への肯定的認知」が生じ，自らも自己開示し，援助要請につながるプロセスを経ていることが想定される。

以上より，学級内では，同級生との関わりを習慣的

に持つ機会を設け，学級全体で親密になれるように担任教師が学級をまとめていくことが重要である可能性がある。加えて，児童生徒間の同級生への肯定的認知を促すために，自らの体験を友人に話して共感し合うような体験を増やしていくことが重要であると想定される。その結果，同級生への援助要請を促進することにつながるのではないかと考えられる。

さらに，援助要請を受けた児童生徒の対応に関する心理教育も有効であると考えられる。先行研究から，援助要請を受けた者の反応がストレス反応を低減させるために重要であることが確認されている（本田，2015b；高橋，2013）。加えて，援助要請を受けた者の反応に関しては，受容共感的な反応が有効である（高橋，2013）。また時期に関し，社会浸透理論（Altman, & Taylor, 1973）によると，関係性の発展は，関係性構築の初期に最も進むことが指摘されている。したがって，年度初めの時期に，援助要請を受けた後の対応の1つとして，相手の話を否定せずに，受容共感的な態度の重要性について伝える心理教育の実施も有効であることが推察される。いじめや自殺予防に関する研究領域では，同級生への対応について議論が重ねられてきた（藤井，2018；杉本・青山・飯田・遠藤，2017）。しかし，親子関係の悩みとその悩みに対する援助要請後の対応に関しては議論が不十分なため，今後議論を積み重ね，検討していく必要があるといえる。

Ⅴ　本研究の課題と今後の展望

本研究の課題として，1点目に，研究協力者の属性が挙げられる。本研究は，小中学生の頃の母子関係に関する回顧的なインタビューを行った。そのため，現在の母子関係が子どもや担任教師の特性，学校種の違いが及ぼす援助要請への影響については，十分に吟味できなかったという課題がある。2点目に，母親の不十分な養護には，心理的虐待やネグレクトと延長戦上にある多様な関わり方がある。本研究では，基本的な理論モデルを生成したが，特に養育態度のカテゴリーに関して十分な理論的飽和化には至らなかった。したがって，養育態度ごとに，研究協力者を分類して不十分な養護を比較し，各養育態度に応じた理論モデルの生成を行うことが望まれる。3点目に，本研究では，小学生と中学生に関する回想的なデータの共通性に関して分析を行い共通するモデルを生成した。しかしその一方で，個別性に関しては，十分に捉えることがで

きていない。具体的に，発達段階を踏まえた学年や，学校風土の違い，スクールカウンセラーの配置状況，担任教師や同級生との関係の違いなどの差を踏まえた学校種別等，層別に分析することが今後の展望といえる。特に，本研究では，性差に関する言及が少なく分析や検討が不十分であった。異性親と同性親との関係の違い，また担任教師が異性か同性か等，性別の違いによる体験の差異に今回は焦点を当てられなかったため，今後は，性差が援助要請に及ぼす影響について焦点を当てた研究を実施し，層別に分析する等，性差について詳細に検討することが求められる。

▶文献

Altman, I., & Taylor, D. (1973). *Social Penetration : The Development of Interpersonal Relationships*. Boston, Rinehart & Winston.

Baker, A., & Verrocchio, M. (2015). Parental bonding and parental alienation as correlates of psychological maltreatment in adults in intact and non-intact families. *Journal of Child and Family Studies*, **24**, 3047-3057.

Baker, J., Grant, S., & Morlock, L. (2008). The teacher-student relationship as a developmental context for children with internalizing or externalizing behavior problems. *School Psychology Quarterly*, **23**, 3-15.

Ban, J., & Oh, I. (2016). Mediating effects of teacher and peer relationships between parental abuse/neglect and emotional/behavioral problems. *Child Abuse & Neglect*, **61**, 35-42.

Bowlby, J. (1969). *Attachment and Loss*. London, Hogarth Press.

de Casterlé, B. D., Gastmans, C., Bryon, E., & Denier, Y. (2012). QUAGOL : A guide for qualitative data analysis. *International Journal of Nursing Studies*, **49**, 360-371.

藤井恭子 (2018). 学校心理学の研究と課題—学校教育の動向と援助者としての教師研究の必要性　教育心理年報，**57**，123-135.

長谷川啓三 (2007). チーム内守秘義務の実際　村山正治（編）学校臨床のヒント　—SC のための 73 のキーワード—　金剛出版，pp.16-19.

平井悠介 (2018). 近代型学校教育システムの揺らぎと教育の公共性の行方．教育学研究，**2**，138-149.

Hocve, M., Dubas, J., Eichelsheim, V., van der Laan, P. H., Smeenk, W., & Gerris, J. (2009). The relationship between parenting and delinquency : A meta-analysis. *Journal of Abnormal Child Psychology*, **37**, 749-775.

Holloway, I., & Wheeler, S. (2002). *Qualitative Research in Nursing*. Hoboken, Blackwell Publishing Company. (ホロウェイ, I. & ウェーラー, S.　野口美和子・伊庭

久江 監訳 (2019). ナースのための質的研究入門　—研究方法から論文作成まで—　医学書院)

本田真大 (2015a). 援助要請のカウンセリング　—「助けて」と言えない子どもと親への援助—　金子書房

本田真大 (2015b). 援助要請行動から適応感に至るプロセスモデルの構築　カウンセリング研究，**48**，65-74.

本田真大 (2020). 援助要請の観点からの学校心理学研究の動向と課題　教育心理学年報，**59**，107-115.

細辻恵子 (2013). 家庭の中の子ども　日本子ども社会学会研究刊行委員会（編）日本子ども社会学会子ども問題辞典　ハーベスト社，pp.63-86.

Hughes, J., & Cavell, T. (1999). Influence of the teacher-student relationship in childhood conduct problems : A prospective study. *Journal of Clinical Child Psychology*, **28**, 173-184.

一場順子 (2016). いじめへの対応　日本弁護士連合会・子どもの権利委員会（編）子どものいじめ問題ハンドブック　—発見・対応から予防まで—　明石書店，pp.48-73.

市川光太郎 (2011). 子ども虐待に対する学校と医療機関の連携　教育と医学，**6**，568-581.

Khambati, N., Mahedy, L., Heron, J., & Emond, A. (2018). Educational and emotional health outcomes in adolescence following maltreatment in early childhood : A population-based study of protective factors. *Child Abuse & Neglect*, **81**, 343-353.

厚生労働省 (2000). 児童虐待の防止等に関する法律（平成十二年法律第八十二号）(https://www.mhlw.go.jp/bunya/kodomo/dv22/01.html [2022 年 2 月 20 日閲覧]).

厚生労働省 (2021). 令和元年度福祉行政報告例の概況 (https://www.mhlw.go.jp/toukei/saikin/hw/gyousei/19/dl/gaikyo.pdf [2022 年 8 月 18 日閲覧]).

厚生労働省 (2022). 平成 29 年度の児童相談所での児童虐待相談対応件 (https://www.mhlw.go.jp/stf/seisakunitsuite/bunya/kodomo/kodomo_kosodate/dv/index.html [2019 年 2 月 19 日閲覧]).

松崎学・瀬尾七恵・鈴木英子 (2016). 小学校における「満足型」学級づくりへの試み—Q-U アンケート結果の共有と問題解決支援を中心に．教育カウンセリング研究，**7**，45-58.

McElvaney, R., Greene, S., & Hogan, D. (2014). To tell or not to tell? : Factors influencing young people's informal disclosures of child sexual abuse. *Journal of Interpersonal Violence*, **29**, 928-947.

三島美砂・宇野宏幸 (2004). 学級雰囲気に及ぼす教師の影響力　教育心理学研究，**52**，414-425.

文部科学省 (2020). ヤングケアラーに関する調査研究について (https://www.mext.go.jp/a_menu/shotou/seitoshidou/mext_01458.html [2022 年 8 月 18 日閲覧]).

中島朋子 (2007). 学校と子ども虐待．小児臨床，**60**，817-823.

中村和夫（2010）．「9, 10歳の節」についての一考察―ヴィ ゴーツキーの思春期論における興味の発達の見地から　心理科学, 30, 1-10.

能智正博（2011）．臨床心理学をまなぶ6　質的研究法　東京大学出版会

能智正博（2013）．ナラティブ研究とインタビュー　やまだようこ・麻生武・サトウタツヤ・能智正博・秋田喜代美・矢守克也（編）質的心理学ハンドブック　新曜社　pp.274-343.

小川雅美（1991）．PBI（Parental Bonding Instrument）日本語版の信頼性, 妥当性に関する研究　精神科治療学, 6, 1193-1201.

岡田涼（2006）．自律的な友人関係への動機づけが自己開示および適応に及ぼす影響　パーソナリティ研究, 15, 52-54.

岡田涼（2008）．親密な友人関係の形成・維持過程の動機づけモデルの構築　教育心理学研究, 56, 575-588.

小野寺正己・河村茂雄（2002）．中学生の学級内における自己開示が学級への適応に及ぼす効果に関する研究　カウンセリング研究, 35, 47-56.

Parker, G.（1979）. Parental characteristics in relation to depressive disorders. *British Journal of Psychiatry*, 134, 138-147.

Parker, G., Tupling, H., & Brown, L.（1979）. A parental bonding instrument. *British Journal of Medical Psychology*, 52, 1-10.

Plantes, M., Prusoff, B., Brennan, J., & Parker, G.（1988）. Parental representations of depressed outpatients from a U.S.A. sample. *Journal of Affective Disorders*, 15, 149-155.

Sato, T., Uehara, T., Sakado, K., Nishioka, K., Ozaki, N., Nakamura, M., & Kasahara, Y.（1997）. Dysfunctional parenting and a lifetime history of depression in a volunteer sample of Japanese workers. *Acta Psychiatrica Scandinavica*, 96, 306-310.

Schaeffer, P., Leventhal, J., & Asnes, A.（2011）. Children's disclosures of sexual abuse : Learning from direct inquiry. *Child Abuse & Neglect*, 35, 343-352.

関口靖宏（2013）．研究のための質的研究法講座　北大路書房

Strauss, A., & Corbin, J.（1998）. *Basics of Qualitative Research : Techniques and Procedures for Developing Grounded Theory*. 2nd Ed. London, Sage.

杉本希映・青山郁子・飯田順子・遠藤寛子（2017）．小学校・中学校・高校で受けてきた心理教育の頻度および有効度の認知　―いじめに関する心理教育の影響に着目して―　カウンセリング研究, 50, 143-151.

高橋幸子（2013）．対人ストレスを身近な他者に相談する過程の検討　カウンセリング研究, 46, 1-10.

都筑学（1999）．大学生の時間的展望　―構造モデルの心理学的検討―　中央大学出版部

Vogel, L., Wester, S., & Larson, L.（2007）. Avoidance of counseling : Psychological factors that inhibit seeking help. *Journal of Counseling and Development*, 85, 410-422.

渡部雪子・永井智・桑原千秋（2014）．大学生における援助要請の方法と適応との関連の検討　立正大学心理学研究年報, 5, 47-53.

World Health Organization（2022）. Child maltreatment（https://www.who.int/news-room/fact-sheets/detail/child-maltreatment［2022年2月20日閲覧］）

Yablon, Y.（2020）. Students' willingness to seek help from school staff when coping with parental maltreatment. *Child Abuse & Neglect*, 103, 104443.

やまだようこ（2002）．なぜ生死の境界で明るい天空や天気が語られるのか？　―質的研究における仮説構成とデータ分析の生成継承的サイクル―　質的心理学研究, 1, 70-87.

Yap, M., Pilkington, P., Ryan, S., & Jorm, A.（2014）. Parental factors associated with depression and anxiety in young people : A systematic review and meta-analysis. *Journal of Affective Disorders*, 156, 8-23.

Yen, J., Tam, C., & Lee, S.（2021）. Parental bonding, depressive experiences, and symptomology : An investigation among college students in Malaysia. *PsyCh Journal*, 10, 574-586.

Yokoyama, H., Tomizawa, Y., Sato, Y., Kobayashi, A., Katsushima, Y., Katsushima, F.（2018）. Team-based parent training by child specialists helps maltreated children. *Pediatrics International*, 60, 1051-1055.

Yule, K., Houston, J., & Grych, J.（2019）. Resilience in children exposed to violence : A meta-analysis of protective factors across ecological contexts. *Clinical Child and Family Psychology Review*, 22, 406-431.

The Process of Help-Seeking Behavior at School among Children Who Experienced Inadequate Maternal Care : A Retrospective Reflection

Yuriko Yanagi

University of Tokyo

Children feeling inadequately cared for by their mothers are known to face difficulties in seeking help at school for family problems. To examine the factors that promote or hinder help-seeking, it is important to understand the differences between when help is and is not sought. Therefore, this study examined how children seek help in schools.

Sixteen undergraduate and graduate students whose mothers were judged to provide inadequate maternal care according to the Parental Bonding Instrument scores were interviewed. Their narratives of help-seeking behavior toward homeroom teachers and classmates up to elementary and junior high school were analyzed using a grounded theory approach.

The results showed that an extroverted "personality" facilitated help-seeking behavior, whereas "anxiety about engaging with their mother" suppressed help-seeking behavior. Impressions of the homeroom teacher and their responses (positive) moderated help-seeking behavior. Furthermore, a "positive relationship with classmates" facilitated help-seeking behavior. Therefore, we focused on the boundary between private and public spaces, namely, home and school, and self-disclosure, and discussed how homeroom teachers and classmates connect with children who experience inadequate maternal care.

Keywords : mother, care, school, grounded theory approach, help-seeking

資料論文

小学生及び中学生の自傷念慮・自傷行為経験の実態
性差・発達差に注目して

穴水ゆかり[1]，太田正義[2]，加藤弘通[3]

1）拓殖大学北海道短期大学
2）常葉大学教育学部
3）北海道大学大学院教育学研究院

キーワード：自傷念慮，自傷行為，性差，発達差，児童生徒

臨床へのポイント

• 小中学生の自傷行為が増加する時期は男女で異なり，小学生では男子のほうが自傷行為の経験率が高いが，中学生では逆転して女子のほうが多くなるなど，自傷の様相には男女それぞれで異なる変化を示す可能性がある。

• 自傷行為の背景として想定されるメカニズムは，男子の自傷行為は突発的・衝動的に反応した結果生じやすく，女子では自傷念慮の高まりが，実際の自傷行為へとつながりやすい可能性が考えられる。

• 自傷予防教育や対策においては，可能性として，衝動的な自傷に対しては心身を落ち着かせるための自己対処スキルの会得，女子では自傷念慮の段階で原因の除去や解決につなげることを視野に入れた予防的かかわりが有用となるケースもあるものと考えられる。

Japanese Journal of Clinical Psychology, 2023, Vol.23 No.6 ; 706-710
受理日——2023 年 4 月 5 日

I 問題と目的

児童生徒の自傷行為は学校現場が頭を悩ませる大きな問題のひとつであり，特に中学・高校においてはメンタルヘルスの問題を考えるうえで非常に重要である。日本学校保健会（2018）の報告によると，養護教諭が過去 1 年間で把握した「リストカットなどの自傷行為の問題」がみられた児童生徒は，小学校で児童 1,000 人あたり 0.3 人，同じく中学校で 4.3 人だった。これは養護教諭が把握している児童生徒 1,000 人あたりの摂食障害の発生率（小学校 0.3 人，中学校 0.9 人）やうつ病等の精神疾患の発生率（小学校 0.3 人，中学校 2.0 人）と比較しても少なくない数字である。

その一方で，小学生自身を対象とした調査は，自己切傷経験のみを調査した Shin, Chung, Lim, Lee, Oh, & Cho（2009）や，Sho, Oiji, Konno, Toyohara, Minami, Arai, & Seike（2009）の他にはあまりみられ

ない。また中学生に関しても，自傷全般についてはあまりみられないものの，方法別による調査は数多く行われてきた。例えば，自己切傷の生涯経験率は，中学生では 2.1 ～ 11.2%，女子 3.5 ～ 15.3%（e.g., 関本・朝倉，2017）で，「段打」「切る」「彫る」「火傷」という 4 つの行為の生涯経験率は，男子 50.6%，女子 46.7% に上った（関本・朝倉，2017）。また，多くの研究では，女子の自傷経験は男子より多いと報告されており（e.g., Pawłowska, Potembska, Zygo, Olajossy, & Dziurzyńska, 2016），その開始時期に関しては 12 歳前後とする報告が多い（e.g, 濱田・村瀬・大高・金子・吉住・本城，2009）。さらに年齢や学年差に注目した自傷の様相の変化に関する研究も国内外でみられ，Hawton, Hall, Simkin, Bale, Bond, Codd, & Stewart（2003）では女子の自傷は 13 ～ 14 歳にかけて急増する可能性が示され，Matsumoto, Imamura, Chiba, Katsumata, Kitani, & Takeshima（2008）では，男子

は中学生で増加したが，女子では年齢による増減はあいまいで明確な差はみられなかった。またSho et al.（2009）では小学校高学年では女子より男子，中学生および高校生では女子で経験率が高いことが示された。

以上のように，これまでの研究から，自傷行為には性別や年齢による差があることが推測されるが，国内外いずれにおいても，自傷念慮や自傷経験率の年齢差に注目した調査や，年齢による自傷経験率の変化を性差を含め検討した研究はそれほど多くない。特に自傷経験率が増加しはじめる小学校高学年から中学校入学前後の自傷念慮や自傷経験の実態およびその変化についてはいまだ不明な点が多い。

そこで本研究では，小中学生を対象に，自傷念慮および自傷経験の実態を明らかにすることを目的とする。具体的には児童生徒の自傷念慮および自傷経験率を把握し，小学校高学年から中学校にかけての性差と経験率の変化について検討する。

II　方法

1　対象

A市の公立小学校97校，公立中学校49校，計146校の，その学年になってから欠席数30日以下で，通常学級に所属する小学4年生〜中学3年生の男女児童生徒37,931名を対象とした（表1）。

2　調査の時期と手続き

本調査は201X年11月に，政令指定都市の1つであるA市において，教育委員会の協力を得て，A市の全ての学校が定期的に行う学校生活調査に自傷行為に関する項目を加えるかたちで実施されたものである。調査に際しては，各学級で質問紙と封筒を配付し，回答は任意とした。児童生徒が自宅で記入して封をした回答用紙を学校にて回収した。39,167名から回答が回収された（回収率99.6%）。このうち通常学級に所属する児童生徒で回答に不備のない37,931名（有効回答率96.9%）を対象とした。

3　調査内容

1．対象者の属性

校種，学年，性別を尋ねた。

2．自傷念慮及び自傷行為の経験

阿江・中村・坪井・古城・吉田・北村（2012）による「自傷行為の経験」を使用し，「あなたは，自分で自分を傷つけた（たとえばかみそりなどで手首を傷つけるなど）経験がありますか」という質問については「今の学年になってから」という教示のもと，「したことはないし，しようと思ったことはない（以下，自傷経験なし）」，「したことはないがしようと思ったことはある」（以下，自傷念慮），「1度だけある（以下，一度ある）」，「何度もある」の4件法で評定を求めた。

4　倫理的配慮

研究計画を立案した時点で，第一著者が所属している大学の研究倫理委員会より承認を受けた。調査に先立ち，児童生徒とその保護者に書面で，回答した内容や提出の有無により不利になることはないこと，また答えたくない場合は回答しなくてもかまわないことを伝えた。さらに自傷に関わる結果については，A市教育委員会を通して，速やかに各学校に報告し，学年単位での見守りを依頼した。

III　結果

表1は小学4年生から中学3年生までの対象者の人数と，自傷念慮および自傷行為の経験率を示したものであり，図1は自傷念慮経験について，男女別の学年による経験率を示したものである。

男子の自傷念慮については，小学校から中学校の6年間を通して大きな違いはみられなかった。女子は小学校の4〜6年生にかけて学年が上がるほど，自傷念慮を経験した者の割合が高くなり，中学1年生で16.70%となった。その後は大きな違いはみられなかった。

一方，図2は1回以上の自傷行為経験（以下，自傷経験）について，男女別・学年による経験率を示したものである。

男子は小学4，5年生の10%近くが自傷経験ありと回答しているが，小学6年生で7.28%，中学1年生の経験率は7.14%と最も低かった。女子は小学生では学年が上がるほど，経験率がわずかに低くなり，小学6年生で5.33%と最も経験率が低く，中学1年生以降はわずかに高くなった。

つまり，小学生6年生までは男子のほうが自傷経験率は高いが，中学1年生では性差がほとんどみられな

表1　対象者数の内訳（人数）と小学生および中学生の自傷念慮および自傷行為の経験率

| | 対象者（人数） | | | 経験なし（%） | | 自傷念慮（%） | | 自傷行為（%） | | 自傷行為の内訳（%） | | | |
| | | | | | | | | | | 一度ある | | 何度もある | |
	男子	女子	計	男子	女子	男子	女子	男子	女子	男子	女子	男子	女子
小4	3,357	3,324	6,681	80.15	83.84	10.11	10.08	9.74	6.08	6.28	4.41	3.46	1.67
小5	3,256	3,411	6,667	81.18	81.38	9.62	12.64	9.20	5.98	6.01	4.02	3.19	1.96
小6	3,133	3,148	6,281	83.51	81.01	9.28	13.67	7.21	5.33	4.50	3.38	2.71	1.95
中1	3,179	2,941	6,120	82.33	76.19	10.62	16.85	7.06	6.69	3.70	4.00	3.35	2.96
中2	3,023	2,930	5,953	81.23	75.26	10.69	15.6	8.08	9.14	4.44	4.53	3.64	4.61
中3	3,209	3,020	6,229	80.96	73.62	10.50	16.22	8.54	10.16	4.68	4.77	3.86	5.40

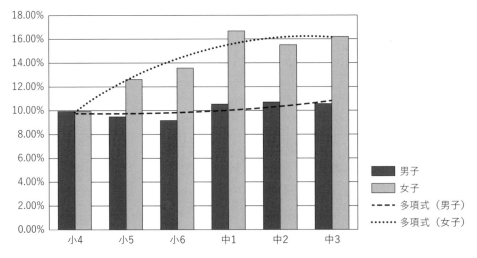

図1　小中学生の自傷念慮経験

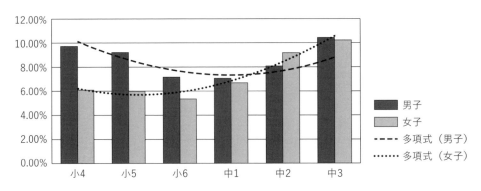

図2　小中学生の1回以上の自傷行為経験

くなり，中学2年生以降では逆転して女子の経験率が男子を上回っていた。

IV　考察

　本研究では，児童生徒の自傷念慮および自傷経験の実態を明らかにすることを目的として，（1）児童生徒の自傷念慮および自傷経験率を把握し，（2）小学校高学年から中学校にかけての性差と経験率の変化について検討した。その結果，小学校から中学校にかけては自傷念慮や自傷行為の経験率が増加する時期と低下する時期があり，その時期は男女で異なることが確認された。具体的には，男子の自傷念慮経験に学年による

大きな変化はみられないが，自傷行為経験は小学生では学年が上がるとともに低下していき，中学1年生から再び増加する傾向がみられた。一方，女子の自傷念慮は小学生から漸増し続けて中学1年生でピークに達した後はそのまま維持され，自傷行為は小学6年生以降上昇を続けていくことが明らかになった。

　小学生の自傷念慮や自傷経験に関する調査は国内外ともに少ないが，Sho et al.（2009）の報告では小学5・6年生の生涯自己切傷経験率が男子5.4%，女子4.0%だった。それに対して過去1年間の自傷経験を調査した本研究の結果では，男子では小学4年生と5年生で10%弱，6年生で約7%，女子においては5〜6%程度みられ，やや高い値であった。Fox, & Hawton（2004）は，12歳以下の子どもの自傷行為は「ないわけではないが稀である」としたが，本調査の結果からは，小学生の自傷行為も決して稀な現象ではないと考えられる。

　また，中学生の自傷行為に関しては，Wan, Hu, Hao, Sun, & Tao（2011）が12〜14歳の生徒の過去1年間の自傷経験は19.7%であったことを明らかにしている。本研究の結果から得られた中学生の自傷経験の割合は，男子で7.06〜8.54%，女子で6.69〜10.16%であり，Wan et al.（2011）に較べると低いといえる。

　自傷の性差については，これまでの研究では女子は男子よりも自傷経験率が高い（e.g., 関本・朝倉，2017）とされてきたが，その対象の多くは高校生とするものだった。小中学生を対象とした本調査の結果からは，自傷行為が増加する時期は男女で異なり，小学生では女子に較べて男子のほうが自傷行為の経験率が高いが，当初は男子で多くみられた自傷経験率が中学生では逆転して女子のほうが多くなるなど，自傷の様相には男女それぞれで異なる変化を示す可能性がみられた。

　以上から考えられることは，同じ自傷行為であっても男子と女子ではその背景に想定されるメカニズムが異なる可能性である。たとえば女子においては学年が上がるにつれて自傷念慮が高まり，それに伴って実際の自傷行為の経験率も増える傾向がみられた。それに対して男子の自傷念慮はいずれの学年においてもほぼ一定であり，自傷行為の経験率の推移に自傷念慮との関連はみられなかった。このことは，自傷の方法が男女で異なることも関係しているのではないだろ

うか。例えば Brunner, Kaess, Parzer, Fischer, Carli, Hoven, … Wasserman（2014）が指摘するように，男子の自傷行為は女子に較べて「頭を打つ」「殴る」など，より突発的で衝動的な行為であることが多い。つまり，男子の場合は自傷念慮が高まり，それが次第に自傷行為へとつながっていくというよりも，「カッとなって」といったように，より突発的・衝動的に反応した結果生じている可能性があると考えられる。このことから，男子では年齢とともに衝動をコントロールできるようになっていくに伴い，小学校高学年にかけて自傷行為の経験が減少する可能性が推察される。

　一方，女子は男子に較べて，刃物（e.g., Brunner et al., 2014）や薬剤（e.g., Hawton et al., 2003）の使用など，ある程度準備が必要な自傷行為がみられやすい。つまり女子の場合，その背景にはまず自傷念慮の高まりがあり，それが実際の自傷行為へとつながっていく可能性があると考えられる。このため，自傷行為の予防教育や対策について考える際には，男子にみられやすいと考えられる突発的・衝動的な自傷に対しては，衝動を抑えて心身を落ち着かせるための自己対処スキルを身につけること，女子については自傷念慮の段階で，その原因の除去や解決につなげることを視野に入れた予防的なかかわりが有用となる可能性が考えられる。ただし，本研究ではこの点について十分に検討できていないため，今後は性差を考慮し，衝動性やそれへの対処スキルと自傷行為との関連性を検討する必要があると思われる。

　最後に，本研究の結果から，中学生ばかりでなく小学生においても，自傷行為の経験者は少なからずいることが明らかになった。したがって，小学校においても掲示物や保健便りなどを利用して養護教諭やスクールカウンセラーの存在をアピールするなど，教員も援助を求められる対象であることを児童生徒に認知されるよう環境を整えることも必要である。

　なお，本研究の限界として，この研究は自傷念慮や自傷行為における学年間の差異を明らかにした横断調査であり，学年の進行に伴う増減や変化を明らかにしたものではない。今後は縦断研究により同一の児童生徒を一定期間，継続的に追跡し，自傷念慮および自傷行為の発達的な連続性を明らかにすることが必要と考えられる。

▶文献

阿江竜介・中村好一・坪井聡・古城隆雄・吉田穂波・北村邦夫 (2012). わが国における自傷行為の実態 ―2010年全国調査データの解析― 日本公衆衛生雑誌, 59(9), 665-674.

Brunner, R., Kaess, M., Parzer, P., Fischer, G., Carli, V., Hoven, C.W., …Wasserman, D. (2014). Life-time prevalence and psychosocial correlates of adolescent direct self-injurious behavior : A comparative study of findings in 11 European countries. *Journal of Child Psychology and Psychiatry*, 55(4), 337-348.

De Leo, D., Burgis, S., Bertolote, J. M., Kerkhof, A. J., & Bille-Brahe, U. (2006). Definitions of suicidal behavior : Lessons learned from the WHO/EURO multicentre study. *Crisis*, 27, 4-15.

Fortune, S., Sinclair, J., & Hawton, K. (2008). Help-seeking before and after episodes of self-harm : A descriptive study in school pupils in England. *BMC Public Health*, 8, 369.

Fox, C., & Hawton, K. (2004). *Deberate Self-Harm in Adolescence*. Royal College of Psychiatrists.
(田中康雄 (監訳), 東眞理子 (訳) (2009). 青年期における自傷行為 ―エビデンスに基づいた調査研究ケア― 明石書店 p.23)

濱田祥子・村瀬聡美・大高一則・金子一史・吉住隆弘・本城秀次 (2009). 高校生の自傷行為の特徴 ―行為後との経験率と自傷行為前後の感情に着目して― 児童青年精神医学とその近接領域, 50(5), 504-516.

Hasking, P., Rees, C. S., Martin, G., & Quigley, J. (2015). What happens when you tell someone you self-injure? : The effects of disclosing NSSI to adults and peers. *BMC Public Health*, 15, 1039.

Hawton, K., Hall, S., Simkin, S., Bale, E., Bond, A., Codd, S., & Stewart, A. (2003). Deliberate Self-harm in adlescents : A study of characteristics and trend in Oxford 1990-2000. *Journal of Child Psychology and Psychiatry*, 44(8), 1191-1198.

Matsumoto, T., Imamura, F., Chiba, Y., Katsumata, Y., Kitani, M., & Takeshima, T. (2008). Prevalences of lifetime histories of self-cutting and suicidal ideation in Japanese adolescents : Differences by age. *Psychiatry and Clinical Neurosciences*, 62, 362-364.

日本学校保健会 (2018). 保健室利用状況に関する調査報告書 ―平成28年度調査結果― p.15.

Pawłowska, B., Potembska, E., Zygo, M., Olajossy, M., & Dziurzyńska, E. (2016). Prevalence of self-injury performed by adolescents aged 16-19 years. *Psychiatria Polska*, 50(1), 29-42.

関本富美子・朝倉隆司 (2017). 中学生における自傷行為の経験率, 性差と心理社会的要因 ―神奈川県の公立中学校における疫学調査― 東京学芸大学紀要 芸術・スポーツ科学系, 69, 183-191.

Shin, Y. M., Chung, Y. K., Lim, K. Y., Lee, Y. M., Oh, E. Y., & Cho, S. M. (2009). Childhood predictors of deliberate self-harm behavior and suicide ideation in Korean adolescents : A prospective population-based follow-up study. *Journal of Korean Medical Science*, 24, 215-222.

Sho, N., Oiji, A., Konno, C., Toyohara, K., Minami, T., Arai, T., & Seike, Y. (2009). Relationship of intentional self-harm using sharp objects with depressive and dissociative tendencies in pre-adolescence-adolescence. *Psychiatry and Clinical Neurosciences*, 63, 410-416.

Wan, Y. H., Hu, C. L., Hao, J. H., Sun, Y., & Tao, F. B. (2011). Deliberate self-harm behaviors in Chinese adolescents and young adults. *European Child and Adolescent Psychiatry*, 20, 517-525.

Zoroglu, S. S., Tuzun, U., Sar, V., Tutku, H., Sava, H. A., Ozturk, M., Anak, B. A., & Kora, M. E. (2003). Suicide attempt and self-mutilation among Turkish high school student in relation with abuse, neglect and dissociation. *Psychiatry and Clinical Neurosciences*, 57(1), 119-126.

An Examination of Self-Injurious Thoughts and Self-Injury Experiences among Elementary and Middle School Students : Focusing on Gender and Developmental Differences

Yukari Anamizu [1], Masayoshi Oota [2], Hiromichi Kato [3]

1) Takushoku Univercity Hokkaido College
2) Faculty of Education, Tokoha University
3) Graduate School of Education, Hokkaido University

Keywords : self-injurious thoughts, self-injurious behavior, gender differences, developmental differences, children & students

実践研究論文の投稿のお誘い

　『臨床心理学』誌の投稿欄は，臨床心理学における実践研究の発展を目指しています。一人でも多くの臨床家が研究活動に関わり，対象や臨床現場に合った多様な研究方法が開発・発展され，研究の質が高まることで，臨床心理学における「エビデンス」について活発な議論が展開されることを望んでいます。そして，研究から得られた知見が臨床家だけでなく，対人援助に関わる人たちの役に立ち，そして政策にも影響を与えるように社会的な有用性をもつことがさらに大きな目標になります。本誌投稿欄では，読者とともに臨床心理学の将来を作っていくための場となるように，数多くの優れた研究と実践の取り組みを紹介していきます。

　本誌投稿欄では，臨床心理学の実践活動に関わる論文の投稿を受け付けています。実践研究という場合，実践の場である臨床現場で集めたデータを対象としていること，実践活動そのものを対象としていること，実践活動に役立つ基礎的研究などを広く含みます。また，臨床心理学的介入の効果，プロセス，実践家の訓練と職業的成長，心理的支援活動のあり方など，臨床心理学実践のすべての側面を含みます。

　論文は，以下の5区分の種別を対象とします。

論文種別	規定枚数
①原著論文	40 枚
②理論・研究法論文	40 枚
③系統的事例研究論文	40 枚
④展望・レビュー論文	40 枚
⑤資料論文	20 枚

　①「原著論文」と⑤「資料論文」は，系統的な方法に基づいた研究論文が対象となります。明確な研究計画を立てたうえで，心理学の研究方法に沿って実施された研究に基づいた論文です。新たに，臨床理論および研究方法を紹介する，②「理論・研究法論文」も投稿の対象として加えました。ここには，新たな臨床概念，介入技法，研究方法，訓練方法の紹介，論争となるトピックに関する検討が含まれます。理論家，臨床家，研究者，訓練者に刺激を与える実践と関連するテーマに関して具体例を通して解説する論文を広く含みます。④「展望・レビュー論文」は，テーマとなる事柄に関して，幅広く系統的な先行研究のレビューに基づいて論を展開し，重要な研究領域や臨床的問題を具体的に示すことが期待されます。

　③「系統的事例研究論文」については，単なる実施事例の報告ではなく，以下の基準を満たしていることが必要です。

①当該事例が選ばれた理由・意義が明確である，新たな知見を提供する，これまでの通説の反証となる，特異な事例として注目に値する，事例研究以外の方法では接近できない（または事例研究法によってはじめて接近が可能になる），などの根拠が明確である。
②適切な先行研究のレビューがなされており，研究の背景が明確に示される。
③データ収集および分析が系統的な方法に導かれており，その分析プロセスに関する信憑性が示される。
④できる限り，クライエントの改善に関して客観的な指標を示す。

　本誌投稿欄は，厳格な査読システムをとっています。査読委員長または査読副委員長が，投稿論文のテーマおよび方法からふさわしい査読者2名を指名し，それぞれが独立して査読を行います。査読者は，査読委員およびその分野において顕著な研究業績をもつ研究者に依頼します。投稿者の氏名，所属に関する情報は排除し，匿名性を維持し，独立性があり，公平で迅速な査読審査を目指しています。

　投稿論文で発表される研究は，投稿者の所属団体の倫理規定に基づいて，協力者・参加者のプライバシーと人権の保護に十分に配慮したうえで実施されたことを示してください。所属機関または研究実施機関において倫理審査，またはそれに代わる審査を受け，承認を受けていることを原則とします。

　本誌は，第9巻第1号より，基礎的な研究に加えて，臨床心理学にとどまらず，教育，発達実践，社会実践も含めた「従来の慣習にとらわれない発想」の論文の募集を始めました。このたび，より多くの方々から投稿していただけるように，さらに投稿論文の幅を広げました。世界的にエビデンスを重視する動きがあるなかで，さまざまな研究方法の可能性を検討し，研究対象も広げていくことが，日本においても急務です。そのために日本の実践家や研究者が，成果を発表する場所を作り，活発に議論できることを祈念しております。

（査読委員長：岩壁 茂）（2017 年 3 月 10 日改訂）

新刊案内

Ψ金剛出版　〒112-0005　東京都文京区水道1-5-16　Tel. 03-3815-6661　Fax. 03-3818-6848
e-mail eigyo@kongoshuppan.co.jp　URL https://www.kongoshuppan.co.jp/

ふつうの相談

［著］東畑開人

ケアする人たちすべてに贈る。友人論と心理療法論を串刺しにする，「つながり」をめぐる根源的思索！　人が人を支えるとはどういうことか。心の回復はいかにして可能になるか。この問いに答えるために，「ふつうの相談」を解き明かす。精神分析からソーシャルワークまで，病院から学校まで，介護施設から子育て支援窓口まで，そして職場での立ち話から友人への打ち明け話まで。つまり，専門家から素人まで，あらゆるところに生い茂る「ふつうの相談」とは一体何か。心のメカニズムを専門的に物語る学派知と，絶えずこれを相対化する世間知と現場知。これらの対話は，やがて球体の臨床学へとたどり着き，対人支援の一般理論を描き出す。　　定価2,420円

中井久夫 拾遺

［編］高 宜良

目鼻のつかない病気などあるものか！　きらびやかな感性と卓越した観察眼を高度の平凡性にかえて「義」を貫いた精神科医の生涯とその治療観をたどる。単行本未収録のインタビューや対談，手に入りにくくなっている論文を中心に，エッセイ，あとがき，アンケート，マニュアルなどを再構成。刊行にあたり，ゆかりある同業者たち（市橋秀夫，清水將之，山中康裕，胡桃澤伸，星野 弘）に知られざるエピソードを寄せてもらった。　　定価3,960円

自殺防止の手引き
誰もが自殺防止の強力な命の門番（ゲートキーパー）になるために

［著］羽藤邦利

自殺防止事業に取り組み，また精神科医として50年以上患者と向き合ってきた著者による自殺防止活動のための手引き書。「自殺企図直前の状態に陥っていることを示すサイン」（BPSAS）の具体例を示しつつ，その特徴，そこに至る3つのプロセス（「悪循環・発展」「精神状態の揺らぎ」「精神病性の症状」）について解説し，自殺企図に至るプロセスを概観していく。第Ⅱ部では，誰もが強力な"ゲートキーパー"になるための3つのテーマ（「対応の工夫」「自殺リスクアセスメント」「ゲートキーパーとしての動き方，支援機関の利用の仕方」）を提案する。　　定価3,080円

価格は10%税込です。

臨床心理学 ＊ 最新研究レポート シーズン3
THE NEWEST RESEARCH REPORT SEASON 3

第**43**回

人種に関するマイクロアグレッション

経験，影響，そして抵抗

Spanierman LB, Anthony Clark D & Kim Y（2021）Reviewing racial microaggressions research : Documenting targets' experiences, harmful sequelae, and resistance strategies. Perspectives on Psychological Science 16-5 ; 1037-1059.

水木理恵 *Rie Mizuki*
［福島県立医科大学 放射線医学県民健康管理センター］

I　はじめに

　日本では，ここ10年ほど，国連による持続可能な開発目標（SDGs）の促進もあり，人種・民族やジェンダーなどの社会的属性に基づく差別や人権侵害についての意識が高まってきている。植民地支配と奴隷制度，そして，その後も続く人種差別と向きあってきた米国では，差別が人間にどのような影響を与え，マジョリティとマイノリティ間の格差となり，人種差別に基づく社会構造の維持につながっているかが研究されてきた。その中で，臨床心理学者等のメンタルヘルスの専門家たちにより，明らかな差別と認識されない，日常的やり取りの中で経験されるマイクロアグレッションという差別の形が定義され，米国だけでなく，日本でもその概念は急速に普及してきている。

　本稿で紹介する研究は，2007年から2020年の間に出版された，人種に関するマイクロアグレッションに関連する138本の論文のレビューを行うことで，多領域での実証研究を統合し，マイクロアグレッションの再定義，新たな分類法，有害な影響，そして対処戦略について紹介している。

II　マイクロアグレッションとは何か

　人種に関するマイクロアグレッションは，白人の加害者が標的となった非白人を劣っているとほのめかしたり，非白人のアイデンティティや経験を真剣に受け取らなかったりする対人関係の場面で，標的となった受け手が経験する微妙で身近なコミュニケーションと新たに定義されている。

　マイクロアグレッションという言葉は1970年に，ハーバード大学の精神医学・教育学教授のChester Middlebrook Pierceにより，白人が黒人と接する際に，白人側のあからさまではない人種差別的な言動を指摘するために造られた。例として，白人が黒人に「あなたのことを黒人だなんて意識したことがない」と言葉をかけるのが代表的である。言っている本人に悪意はないが，受け手は無神経に感じ疲弊する。本稿ではマイクロアグレッションをする側を「加害者」，受ける側を「受け手」または「標的」と表現する。

　マイクロアグレッションの「マイクロ」は，決して「些細な」といった攻撃の程度を示す意味合いではない。社会や文化といったマクロレベルと対比された，加害者と受け手との対人関係，すなわち，マイクロレベルで生じる攻撃性を指してい

る。人種に関するマイクロアグレッションは，非白人に向けられる，無意識・無自覚で微妙な言語的または非言語的な侮辱であり，さらに，Sue（2010）は，マイクロアグレッションを細分化し，マイクロインサルト，マイクロインバリデーション，マイクロアサルトという分類の枠組みを提示し，マイクロアグレッションという概念を確かなものとした。

　マイクロインサルトとは，加害者が人種を理由に相手が知的に劣っていると決めつけるような言動で，受け手が無神経で侮辱的だと感じるコミュニケーションを指す。マイクロインバリデーションは，人種差別された人の経験を否定するなど，受け手の経験を否定したり，矮小化したりするコミュニケーションを指す。最後のマイクロアサルトは，あからさまな人種差別の発言と類似しているため，ほとんどの研究はマイクロインサルトとインバリデーションを扱っている。

　人種に関するマイクロアグレッションは，西洋諸国で見られる白人至上主義体制の社会において，支配的立場の人種的マジョリティである白人から人種的マイノリティである非白人に向けられることで，二者の間に存在する権力の不均衡を維持または強化する差別の形態の一つと考えられている。つまり，人種間でより強い権力を持っている白人は人種に関するマイクロアグレッションの標的にはなりえないのである。

III　新たな分類法

　人種に関するマイクロアグレッションは，実証研究の結果，4つの下位カテゴリーに分類される——①違いを異常・劣位とみなすこと，②否定と決めつけ，③排除と不可視化，④人種に関するカラーブラインドな態度。

1　違いを異常・劣位とみなすこと

　「違いを異常・劣位とみなす」とは，白人優位という前提の上で，非白人の文化的価値観や慣習を蔑視し，非白人の人々を劣った存在とみなすこ

とである。例えば，管理職に就いている黒人が配達員に間違われる，という例は劣位の立場への決めつけにあたる。また声が大きく，表現力豊かなコミュニケーション・スタイルを取る黒人女性は，白人の規範と異なるために，マイクロアグレッションの標的にされるが，そこには，非白人は白人の文化規範に同化すべきであるとの暗示がある。

2　否定と決めつけ

　「否定と決めつけ」は，白人が標的の能力や外見などを貶める，またはステレオタイプ的にみなすことを意味し，マイクロアグレッションの中でも「マイクロインサルト」に相当する。これは，数学の試験で高得点を取った黒人男子学生に対して，カンニングをしたと疑惑をかける行為がその一例だ。つまり「黒人は知的に劣っている」という固定観念に基づいている。また，アジア系の女性が経験するマイクロアグレッションには，アジア人女性のステレオタイプに基づき，エキゾチックな存在や性的な対象として見られるなどが含まれる。

3　排除と不可視化

　「排除と不可視化」は，白人の加害者が標的を排除したり，存在しないかのように扱うことで，「マイクロインバリデーション」に分類される。例えば何世代にもわたって米国に住んでいる人種的マイノリティが，「どこから来たの？」「どこで生まれたの？」と聞かれる経験は「自国で異国人と扱われる」ことで，これに該当する。黒人の客が店員に無視されたりするという不可視性と排除の経験もこれにあたる。

4　人種に関するカラーブラインドな態度

　「人種に関するカラーブラインドな態度」とは，白人が非白人とのやり取りの中で人種や人種差別を否定，歪曲，矮小化することを指し，「マイクロインバリデーション」の一種である。例えば，

白人のセラピストが，黒人のクライアントに「私には黒人の友人もいる」と話すことで自分は人種差別はしない人間であることを強調するなどが含まれる。その他，人種差別は過去のものとする，非白人の差別や迫害の歴史を受け入れない，歴史的なトラウマを否定する，または否定することを容認するなどの態度や言動が該当する。

IV　人種に関するマイクロアグレッションの有害な影響

人種に関するマイクロアグレッションにさらされ続けることは，標的の精神および身体の両側面に負荷を与え，心理的な問題との強い関連性が示されている。

1　ストレスと不安

マイクロアグレッションはストレスと不安を引き起こす可能性があることが研究で明らかになっている。例えば，黒人が人種に関するマイクロアグレッションに対して恐怖を感じたり過敏になるという研究結果や，非白人の学生における人種的マイクロアグレッションとトラウマ症状や不安との関連も示されている。また，マイクロアグレッションの標的が人種的抑圧を内在化していると，トラウマ症状が悪化することもわかってきている。

2　抑うつ症状

人種に関するマイクロアグレッションと抑うつ症状との関連も研究により強く示唆されている。黒人大学生らに対する調査では，怒り，無気力，絶望感等が報告されている。定量的研究により，マイクロアグレッションと抑うつ症状の関連だけでなく，肯定的な人種的アイデンティティを持つことがこの関連を緩和する可能性も示された。

3　生理学的影響

黒人における不眠症や高血圧，ラテン系およびアジア系アメリカ人による頭痛や腹痛の訴えなどの質的研究結果に加えて，マイクロアグレッションとストレスホルモンおよび痛みや睡眠障害といった生理学的指標との関連により，生理学的影響のエビデンスも示されている。

V　人種に関するマイクロアグレッションに対する標的の反応

マイクロアグレッションを向けられた人々は，その非常にきつい心への影響を緩和するために，集団的，抵抗的，自己防衛的コーピングという3つの戦略を用いていることがわかっている。

1　集団的コーピング

集団的コーピングは，家族や自分の人種コミュニティの人々とネットワークを構築し，非白人同士で，互いの価値や人間性が肯定されるというマイクロアファメーション（肯定）が中心となる。例えば，黒人大学生が黒人の友人に差別の経験について話すことで，自分の視点の正当性を認めてもらうといった，ソーシャルサポートや自己を肯定してもらえるやり取りである。また，傷つけられた経験について，家族や友人と冗談を言い合ったりと，ユーモアや笑いも活用されている。

2　抵抗的コーピング

抵抗的コーピングとは，白人の欧米中心的な規範やステレオタイプに抗い，加害者と直接対決する戦略である。例えば，真面目と思われがちなアジア系の人がバーでのパーティーに参加したり，怠惰と決めつけられがちな黒人が白人の2倍働いたりといった行動である。標的がステレオタイプを予測し，先制行動で対抗することは一見有効な戦略ではあるが，標的自身が侮辱や否定的な価値観を内在化する危険性もある。

一方で，標的がマイクロアグレッションが起きたことを加害者に直接指摘したり，加害者を教育する戦略もある。例えば，ある先住民の女性は，「自分の国に帰れ！」と言われ，「私はファースト・ネーションズ（カナダの先住民）よ。帰るべきは，あ

なたよ」と加害者に言い返した，などがその例である。しかし抵抗的戦略は加害者による報復等のリスクを伴うため，職場で上司が向けてきた人種に関するマイクロアグレッションに，黒人男性がユーモアを使い，脅威を抱かせない形で立ち向かうといった方法も取られている。

3　自己防衛的コーピング

標的は，人種的マイクロアグレッションの苦痛から回復するために，前向きな姿勢を保つことを心がけたり，職場と家庭の境界線を引いたりするなど，意図的にセルフケアを行っていることがわかっている。

自分の人種・民族集団を肯定的に再認識するため，自分の所属する文化に根ざした活動の実践や，教会等で信仰に拠り所を求めることもセルフケアに含まれる。また，職場で人種的な話題を避けるといった，マイクロアグレッションを受ける可能性を意図的に回避し，そうした場面から離れることも自己防衛となりうる。

VI　総括と今後の展望

人種に関するマイクロアグレッションは，白人至上主義というマクロな文脈における対人接触で起こる攻撃の一形態であると再定義され，新たに4つのカテゴリーに分類された。実証研究により示されている人種に関するマイクロアグレッションが与える有害な心理的・身体的影響と，実践されているさまざまなコーピング戦略も確認された。今後は，研究者が，白人至上主義という文脈により白人はマイクロアグレッションのターゲットになりえないことを理解し，ターゲットの経験を現実として受け入れ，マイクロアグレッションの実態と影響だけでなく，予防と介入の取り組みについても質的・定量的実証研究を積み重ねていくことが重要となる。

VII　紹介者からのコメント

この通り，マイクロアグレッションというのは，

力関係の非対称性が基盤にあり，マジョリティ側からマイノリティ側に向けられることが多い言動で，マイノリティ側に日常の中での不条理な負担を強いるものであることがわかる。ここで取り上げた論文は，白人から非白人に向けられる人種に関するマイクロアグレッションのみに焦点を当てているが，これは白人に固有の問題ではなく，加害者である白人を，日本で暮らす日本人に置き換え，標的である非白人を，日本で暮らす在日コリアン，アイヌといった民族的マイノリティや被差別部落ヘリテージの人々と置き換えてみると，日本社会への適用も十分可能であろう。

また，マイクロアグレッションは，権力の非対称性のある社会集団の間であれば起こりうるもので，人種に限らず，ジェンダー，性的指向についても取り上げられている（Sue, 2010）。ジェンダーに関しては，多くの社会で女性は男性よりも劣っていると考えられ，男性による支配と統制を受け，性的対象化や性差別的な現実の否定等のマイクロアグレッションにさらされている。また，性的指向については，レズビアン，ゲイ等の性的マイノリティは異性愛主義の社会により不可視化され，過度に性的な存在として扱われるなどのマイクロアグレッションを経験している。女性および性的マイノリティのどちらも心身への負の影響を受けており，その問題は深刻といえる。

心理臨床のクライアントの中には，差別を経験し傷ついた人々が，少なくない数で含まれていると考えられる。多くの心理臨床家は，苦しんでいる人々にケアを提供することで彼らの健康に貢献したいと願っているが，社会化の過程でマジョリティ的規範や価値観をある程度内在化してきている以上，心のケアの専門家であっても，マイクロアグレッションを犯してしまう可能性からは逃れられないのである（Williams, 2020）。

日本心理学会（2023）は多様性尊重のガイドラインを発表し，多様性への配慮の重要性を訴え始めたが，日本においては，社会構造が心理臨床のプロセスに及ぼす影響についてはまだ広く認識さ

れていない。Williams（2020）は多くの非白人が
心理療法を利用しないことに注目する中で，臨
床家がしばしば無自覚にさまざまな属性に関する
マイクロアグレッションをクライアントに向けて
いることに気付いた。心理臨床家にマイクロアグ
レッションを向けられたクライアントは，多くの
場合，その傷つきを臨床家に伝えないまま，セラ
ピーを中断していく。日本においても，心理臨床
家は，メンタルヘルスの専門家であるという圧倒
的な権力に加え，年齢，学歴，民族等，多くのマ
ジョリティ性を有する傾向にあり，無自覚にクラ
イアントを傷つけている可能性は高い。多様性に
配慮することの本質は，差別的な発言に気をつけ
ることではなく，自身のマジョリティ性とそれに
基づく特権に気付くことから始まる（Goodman,
2011）。多様な背景を持つ人々にとって，心理臨
床の場が真の支えとなるよう，日本におけるマイ
クロアグレッションの研究の発展が期待される。

▶ 文献

Goodman DJ（2011）Promoting Diversity and Social
　Justice : Educating People from Privileged Groups.
　Routledge.（出口真紀子 監訳，田辺希久子 訳（2017）
　真のダイバーシティをめざして―特権に無自覚なマジョ
　リティのための社会的公正教育．上智大学出版）
日本心理学会（2023）心理学における多様性尊重のガ
　イドライン．日本心理学会（https://psych.or.jp/wp-
　content/uploads/2023/03/Guidelines.pdf［2023 年 8 月
　18 日閲覧]）．
Sue DW（2010）Microaggressions in Everyday Life :
　Race, Gender, Sexual Orientation. John Wiley & Sons
　Inc.（マイクロアグレッション研究会 訳（2020）日常生
　活に埋め込まれたマイクロアグレッション―人種，ジェ
　ンダー，性的指向：マイノリティに向けられる無意識の
　差別．明石書店）
Williams MT（2020）Managing Microaggressions :
　Addressing Everyday Racism in Therapeutic Spaces.
　Oxford University Press.

♬ 主題と変奏——臨床便り

第64回
"好き"に触れる。あなたを見つける。

向井理菜
［立命館大学大学院人間科学研究科］

　電車のボックスシートに座っていた。向かいに座っている中学生らしき子たちが"恋バナ"をしている。

　「こないだ告られてさー」「え，男？　女？」

　ああ，時代は進んできているなと感じた。告白されたと言えば，異性からを想像するのが常。そのぐらい，この社会は異性愛を中心として成り立ってきていた。しかし，そうではない時代が来つつあるのかもしれない。

　ある日ドラマを見ていた。「最高の教師」という日本テレビ系で放送されているドラマである。第6話では，女子生徒が女子生徒へ「好きかもしれない」と告白する場面が重要なシーンとして描かれていた。私には，告白した側の女子生徒が，自分の「好き」に確信が持てないような悩ましい気持ちを吐露していたように感じられた。この社会では，その点で悩むのは仕方ないことだろうと思った。

　この社会に生きていると，性的触れ合いを求める気持ちこそが友愛と恋愛の境目である，という空気を感じる。私たちは，恋愛関係には必ず性的触れ合いが生じるものだと思い込み過ぎてはいないだろうか。先のドラマで告白をした女子生徒は，そうした社会の空気感と自分自身の気持ちとの間で揺れ，自分の心に湧き起こる「好き」をどう捉えれば良いのかわからなかったのではないか。私の目にはそう映った。

　臨床場面で若い人たちの話を聞いていると，「す

きぴと映画観に行くことになって」「推しと今度遊びに行く」「気になる人とお買い物に行ってきたんですけど」など，性別を感じさせないワードが増えてきたように感じる。もしかすると同性かもしれないし，異性かもしれないし……と思いながら話を聞くようにしているのだが，そうすると，あ，これは"すきぴ"のことを同性と捉えた方が矛盾なく話が聞けるな，というタイミングが出てくることもある。また，この人の感じる"好き"は一体どんな感じなのだろうか，ということも考える。好き＝セクシュアルな関係になりたい，ということではないかもしれない。しかし現にこの社会は異性愛中心的であり，性的触れ合いのある関係が恋愛の前提となっている。そういった社会の空気感と自分の気持ちとの間で揺れることがあるかもしれない。そんなふうに想像することで，よりその人たちの体験世界に触れられるようになるのではないか。「すきぴ＝異性かつ性的関わりを期待している人」と認識してしまうと，見えなくなる世界がそこにはあると思う。ある意味で支援者は試されているのだろう。この社会からこぼれ落ちてしまう心の機微があなたの目には映りますか，と。

　異性愛中心的なロマンティックイデオロギーが崩壊した先には，もしかすると，どんな性別の人に告白されるかはどうでもよくなる世界があるのかもしれない。そうすると，「告られてさー」「男？女？」という会話すら，なくなるかもしれない。そんな社会になればいいなと感じながら，日々自分に何ができるのかを考え，臨床に取り組んでいる。

書評 BOOK REVIEW

平野真理［著］

自分らしいレジリエンスに気づくワーク
—— 潜在的な回復力を引き出す心理学のアプローチ

金子書房・B5判並製
2023年3月刊
2,640円（税込）

評者＝**石垣琢麿**（東京大学）

本書はレジリエンスの研究と臨床に長年取り組んでこられた平野真理氏の手による，4つのステップ，12のワークから構成された一般向けのワークブックである。一方で，氏の数多くの研究成果が最後の2つの章にまとめられているので，研究者にも大いに役立つ。理論研究，アセスメント研究，実践・効果研究という臨床心理学が目指す3つの研究領域が過不足なく解説されており，臨床心理学研究の優れた入門書とする位置づけも可能である。

冒頭で強調されているように，このワークブックはレジリエンスをハウツー的に高めるためのものではなく，「持っているレジリエンスへの気づきを促す」ためのものである。多くの人は，自らが持つ力に目をつぶったり，軽視したりしてしまいがちである。このことは認知行動療法のテキストでも再三注意されており，決して日本人に特有の現象ではなく，また，年少者も成人も同じ傾向をもっている。

レジリエンスという言葉が独り歩きをして，あたかもRPGで主人公が強くなるために集める防具や武具のようなイメージでとらえられることもある。レジリエンスを本質的に獲得，向上させるためには，各人が自らの内面を深く掘りかえすことが必要だと平野氏は説く。「持っているレジリエンスへの気づきを促す」ことの一部は，「自らのレジリエンスに関するメタ認知を向上させる」と言い換えてもよいだろう。ただし，メタ認知向上のトレーニングで強調される自己客観視によるレジリエンスの意識的な確認だけでなく，気づきを促進させるための投影法的な方法が本書では紹介されており，本人が気づかない潜在的な思考や行動のなかから無理なくレジリエンスを見出そうとする点が

独創的である。

本書で投影法的な方法が用いられているもう一つの理由として，レジリエンスにまつわる社会的望ましさを排除するという目的が挙げられている。レジリエンスの内容やありかたは個人差が大きく，本質的に多様であるにもかかわらず，社会的（常識的）価値観に基づいた適応・不適応の軸で一元的にとらえられてしまう傾向がある。この一元性が，つらい状況下でレジリエンスを求める人たちを「ねばならない」という思い込みに縛りつけてしまい，さらに苦しめる原因になっている。これを克服するための方法として投影法を用いるのは画期的な試みだといえる。ただし，レジリエンスから社会的望ましさを排除するのは実際にはかなり難しい作業であるから，本書の方法を参考にして多くの臨床家に試行錯誤していただきたいと思う。

本書には個人作業だけでなく，ペアワークやグループワークも含まれており，支援方法がかなり多彩である。したがって，本書を利用する際は目的や焦点が曖昧にならないよう，読者が完全に我流で進めるのではなく，心理療法や集団療法の経験が豊富なインストラクター（支援者）がガイドする必要があると思われる。

臨床現場では，困難な成育歴を抱え幼少期からレジリエンスを十分獲得できていない人や，現在の問題が重篤でレジリエンスがかなり低下しているようにみえる人に多く出会う。しかし，支援者としてはそのような人たちであっても，自分には何らかのレジリエンスが育まれてきたのだ，レジリエンスが残っているのだと気づいてもらいたい，それを足掛かりにして人生の可能性を広げてもらいたいと願っている。本書の支援方法は，直接的にこのようなクライエントを対象としたものではないが，支援者の工夫次第で応用可能性の幅は広がるだろう。もちろん，複雑な問題を抱えたクライエントを支援する場合は困難が生じることも予想される。本書で示された方法の可能性と限界を総合的に評価するためにも，まずは多くの臨床家が本書の知見を共有することを期待している。

倉成宣佳［著］

カウンセリングに活かす「感情処理法」
── 対人援助における「不快な感情」の減らし方

創元社・A5判並製
2023年2月刊
2,750円（税込）

評者＝桂川泰典（早稲田大学）

　およそ心理臨床に関わる仕事をしている方の中で，「感情の取り扱い」について悩んだことがない，という方はおられないように思う。認知や行動をメインに扱うオリエンテーションであっても，生身の人と人が接触する以上，治療関係，治療への動機づけ，あるいはカウンセリング後の気分状態等々，クライエントの感情を見ずしてはケースを進めることができない。カウンセリングの目的としても結果としても，感情は避けて通ることができないテーマである。

　そんなカウンセリングと切っても切れない「感情」の取り扱いを，さまざまな理論や技法，実践を横断しながら著者の豊富な体験的理解も交えて網羅的に紹介するのが本書である。本書で登場する心理学理論や技法をかいつまんでみると，交流分析，再決断療法，精神分析，ゲシュタルト療法，感情焦点化療法，論理療法，認知療法，認知行動療法，動機づけ面接，漸進的筋弛緩法，DESC 法（アサーション）などがあげられる。これだけ参照点が多いと理論の我田引水や教科書的で実践と遊離した印象がもっとあってもおかしくないと思うのだが，本書は不思議とそれを感じさせない。多くの記述において，そのすぐそばには著者の臨床実践（ケース）があり，それが多様なオリエンテーション・技法をしっかりとつなぎとめている。

　さて，私たちがケース内で感情の取り扱いに悩むのはどのような時だろうか。「感情を抑圧しているクライエントにどう関わるべきか」「どの感情がカウンセリング内で取り扱うべき感情だろうか」「どのようなクライエントであれば感情を扱ってよいだろうか」「クライエントが感情に気がつくことは本当にクライエントの幸せになるのだろうか（たとえば，本当の気持ちに気がつけば夫婦関係が破綻することもあるだろう）」「子どもの場合，どこまで直接的に感情を扱ってよいのだろうか」「人前での感情表出が文化的に抑制される日本では，感情処理技法は欧米のようには使えない

のではないか」。本書は，そんな疑問に著者なりの答えを提示してくれる。その答えが読者の目の前にある臨床実践にもそのまま適用できるかはわからない。しかし，著者である倉成氏は，多くの臨床実践を通してクライエントと一緒にその答えに至ったのだろうと思わせる説得力と信頼感が，本書の記述からは読み取れる。たとえ，私はそのアプローチはとらないだろう，と思う実践であっても。

　カウンセリングにおける感情へのアプローチに少しでも興味のある方には，ぜひ本書をお勧めしたい。一般書としてはなかなかのボリュームではあるが，必ずしも章立て通りに読み進める必要はないように思う。どの章にも豊富な実践例が埋め込まれており，その意味で迷子になることはないだろう。感情処理法は「自身の感情に気づき，受け入れ，体験し，処理していく過程を支援する」手法である。本書の読書体験が自身の感情にどのように作用するか，それをじっくりと受けとめつつ，目の前の臨床実践を改めて考えてみたい。

上田勝久［著］

個人心理療法再考

金剛出版・四六判並製
2023年3月刊
2,970円（税込）

評者＝**原田誠一**
（原田メンタルクリニック・東京認知行動療法研究所）

　俊英による魅力溢れる名作の登場である。著者は「心理職のもっともベーシックな技能」（本書，p.7）である個人心理療法に，「いま明に暗に疑義が投げかけられ」ていて「危機を迎えている」（p.9）という。その上で「専門家だけでなく，ユーザーからも」（p.13）批判が寄せられている従来の心理療法を，「クライエント・センタード的な介入姿勢をベースとして，事を力動論的（精神分析的もしくはユング心理学的）な視点から考えていく」タイプ（p.10）と明細化する。

　この種の心理療法に「特徴的なのは，介入が極端に控えられている点」で，「ユーザー側のニーズに合致した支援を供給できていない現状がある」（p.13）。そして「私自身がこのタイプの実践者だったから……多くの失敗を重ねました」（p.14）との述懐が続く。

　この認識を示した上で，著者は「いま俎上に載せている心理療法には明確な援助哲学もしくは理念があり」，それは「『個としてのユーザー』を尊重し，彼らから学び，彼らのこころに寄り添うことです」（p.15）と指摘する。「私自身はこの種の理念をとても大切だと感じている」が，「この種の理念がいま形骸化しつつ」あり，「その心理療法が『話を丹念に聞く』という姿勢を十分に活かせるような形にデザインされていないことに問題が」ある（p.17）。更には，背景に「個人心理療法という営みに付随しているさまざまなドグマ（教条主義）」がある（p.18）と喝破する。

　著者はこのような重大な課題をふまえて「治療契約について」（第1章），「初回面接」（第2・3章），「アセスメント面接」（第4章），「治療構造について」（第5章），「支持的心理療法」（第6章），「探索的心理療法」（第7章），「マネジメントにもとづく心理療法」（第8章）の中で，懇切丁寧に処方箋を記していく。

　ここでの著者の筆致は伸びやかで重層性に富み，説得力と発見に満ちている。精神分析に基盤を置く著者であるが他の心理療法にも通暁しており，バランスの取れた風通しの良い記載を行っているところが素晴らしい。著者の慧眼は「支持的心理療法の大家」（p.134）として神田橋を捉え，マネジメントを「心理的支援の文脈で活用した」（p.167）先駆者にWinnicottを据える。

　続く「日本流心理療法再考」（第9章）で，著者は更なる高難度の飛翔を行ってみせる。ここまで著者は「東畑（2017）はこの種の心理療法を『認知行動療法をトッピングした精神分析もどきのユンギアンフレイヴァー溢れるロジェリアン』と述べ，『ありふれた心理療法』と称して」いる（p.185）ことを紹介し，概ね同調する形で自説を展開してきた。

　しかるに「本書を執筆するプロセスのなかで私の理解も変わりつつあります」（p.187）と述べた著者は「卓袱台返し」（p.200）を敢行する。河合の『ユング心理学と仏教』を引用しつつ「結論からいうと，この種の心理療法はその輪郭が曖昧であることにこそ，つまりはその範囲を明瞭に輪郭づけないことにこそ臨床的な価値があり，セラピューティックな作用があるのではないかと考えるに至りました」（p.187）。君子豹変，ここにみられる著者の知的誠実さと勇気，融通無碍な柔軟性と鮮やかな離れ業に評者は拍手を送った。

　この後も「オンラインセラピーをめぐって」（第10章），「精神分析的心理療法における終結について」（第11章），「個人心理療法Q&A」（第12章）と啓発的なラインアップが続く。そして「あとがき」と本書表紙，裏表紙にも素敵な仕掛けがあり，故安克昌先生への温かいオマージュが記されていて絶妙な味わい。

　本書で著者が投げかける「日本流心理療法」にまつわる弁証法的な公案は真実を突いており，読者各人は日々の臨床実践において見解を試行錯誤することになる。諸兄姉におかれましては，この力作をご堪能あれ。

佐々木大樹 [著]
暴力を手放す
―― 児童虐待・性加害・家庭内暴力へのアプローチ

金剛出版・A5判上製
2023年4月刊
3,520円（税込）

評者＝**岡野憲一郎**（本郷の森診療所）

本書の著者佐々木大樹氏は，その略歴を見ただけでも極めて広範な関心と活動を続けている若手の心理学博士であることがわかる。そして京都大学大学院時代を含めて個人的に存じ上げる著者は，極めて情熱的で真摯で向学心に富む，少年のような方である。その佐々木氏が暴力という問題に長年取り組み，学位論文執筆を踏み台として書き上げたのが本書である。その「はじめに」にあるように，「暴力は他者が防ぐものではなく，自ら『手放す』もの」であり，それを支援することこそが臨床であるという彼の確固たる思いが本書に結実している。

本書を一読して私が考えさせられたのは，暴力について，おそらくはその克服の困難さゆえに私たちは見事なまでに看過する傾向にあるということだ。そしてこの困難なテーマに果敢に挑んでいるのが本書なのである。

本書は暴力を抑止するための単なるハウツー本ではない。さらには暴力についてだけの著書ではない。いかに臨床家としてクライエントと関わるか，という本質的な問題に向けられた本である。暴力というテーマは格好の素材として取り上げられたものの，その他のさまざまなテーマに応用可能な考察を含んでいる。

いくつかの章をピックアップしよう。

第1章「手放す支援の難しさ」では，著者が長年従事した児童相談所での経験から，暴力の問題がいかに本質的でありながら，その根本的な解決に目が向けられていないか，という事情が語られる。いわば著者の出発点となった臨床経験が語られるのだ。

第4章「各領域の支援を概観する」では，著者は暴力を手放すための支援が行われる4つの領域，つまり医療，司法，児童福祉，教育・精神保健領域に分けて論じる。このような広い視座からの論述は物事をグローバルに捉える著者ならではのものであろう。

第7章「セラピストのありよう」では，暴力を手放

すよう援助するセラピスト側の心のありようについて論じられる。暴力というテーマが生む不安や義憤をいかに受け入れつつ，「大局的なものを両立させる」という，いわば弁証法的な視座や態度がセラピストには重要であるという。そこで著者は特に「メンタライズ」という用語を重視する。彼の説く「生きるを思う」とはまさに非援助者の心を感じ取ることから出発せねばならない。ここには著者の精神分析を含む精神療法一般を見渡した治療観が表れている。

第8章，第9章は具体的な事例A，Bとの取り組みが描写されているが，そこでの著者の関わりがいかにきめ細かく，いかに「情理の臨床」に基づいたものであるかがわかる。

最終章では，その「情理の臨床」についての詳しい論述がある。著者はそれを「人情と道理」が一体となって存在するありようであるとする。あるいは「暴力を手放す試みをしながら，こころを思う」とする (p.181)。この情理の理論は最初は少し難解だったが，その真意に近づくと，その深さと奥行きに驚かされる。それは心理臨床に即して言えば，関係性と治療構造や技法，という二項対立，あるいは「自発的な側面と儀式的な側面」（Irwin Z Hoffman）に近いが，それらは「二項対立するものとしてではなく，最初から一体として存在するありよう」であるという (p.179)。わかりやすく言えば両者が間断なく関係を及ぼし合っているということだ。そしてそれは患者と治療者の間にも言える。両者は常に影響を及ぼし合い，そこにはある種の平等で流動的な関係が成立している。しかし私たちはいとも簡単にそれを忘れてしまいがちなのも事実だ。特に暴力の問題は，それを悪しきものとして一方的に抑えるもの，取り締まるべきもの，という考えへ私たちを容易に誘うからだ。

本書を一言で表現するならば，臨床の本質に迫った，そしてとても野心的な書である。今後の著者の更なる活躍と，本書に続く次作に大いに期待したい。

下園壮太・高楊美裕樹 [著]

「死にたい」気持ちに寄り添う
── まずやるべきこと してはいけないこと

金剛出版・四六判並製
2023年5月刊
2,860円（税込）

評者＝**西村信子**（国際医療福祉大学）

　本書は，長年自死の危機介入やポストベンションに関わってきたメンタルレスキュー協会理事長下園氏と当協会インストラクター高楊氏が，「死にたい」気持ちに寄り添う人々のために綴った一冊である。

　わが国では，平成18年自殺対策基本法施行後，「生きることの阻害要因（自殺のリスク要因）」の減少と「生きることの促進要因（自殺に対する保護要因）」の増加を目指し，対人支援・地域連携・社会制度の3レベルで総合的な取り組みが推進されてきた。しかし，『令和4年版自殺対策白書』によると，その後も依然2万人台を推移し非常事態は続いている。効果的な自死予防を行う上で，対人支援レベルの一端を担う心理臨床家などの医療従事者にとって，「死にたい」気持ちを支える人々，特に家族と連携した包括的支援が不可欠となる。それゆえ，読者をそのような家族に絞った本書の社会的意義は大きい。

　著者らは，読者に度々"あなた"と語りかけ，自死に関する知識の提供と大切な人の命がかかった時に適切な支援を行うための対応法を，事例を交え丁寧に解説する。具体的には，「死にたい」気持ちの正体はうつ状態の一症状であるとし，その基本的対処である休養・受診・環境調整や，うつ状態に陥るメカニズム，「死にたい」気持ちに連動しやすいアルコール依存，ギャンブル，リストカット，しがみつき行為などに触れている。その中のしがみつき行為については，生きることの体現であり，支える側は無理にその行為の引きはがしを図らないよう注意喚起する。また，読者ができる対応法として「死にたい」気持ちを支えるコツと話の聞き（聴き）方のコツを紹介する。前者は当事者を「無視しない」「否定しない，明るくしようと思わない」「アドバイスしない，無理強いしない」など冷静に寄り添う適切な距離感を保つこと，また後者は「一緒に落ち込む時間で癒す」「大きくうなずき，要約する」「つらいところ（身体症状・精神症状）を想像して質問」な

ど共感的な関わりを心がけることとし，いずれも心理臨床家の技法である「基本的傾聴」に似た対応方法を詳説する。さらに，読者が陥る罠として，大切な人の自死予防に熱心に取り組む"あなた"ほど不安感，自責の念，無気力，や疲労感が高まりやすい傾向があり，「私たちは誰も，完全ではありません。（中略）私たちができるのは『自死の確率を出来るだけ少なくする支援』」と言明した上で，"あなた"自身のケア（セルフケア）とソーシャルサポートの大切さを力説する。

　本書は，ある日大切な人から「死にたい」気持ちを打ち明けられる家族をはじめ周囲の人々に向けた激励の言葉と，大切な人に寄り添うための実践的な情報が詰まった教本である。また，臨床現場で生きづらさを抱えるクライアントと関わる心理臨床家にとっても，自死の現状やその当事者や家族の心境，自死予防のための有効な支援法を知ることができる有益な一冊としてお勧めしたい。

第23巻　人名索引

2023年（通巻133～138号）　（　）内は号数

投稿規定

1. 投稿論文は，臨床心理学をはじめとする実践に関わる心理学の研究における独創的で未発表のものに限ります。基礎研究であっても臨床実践に関するものであれば投稿可能です。投稿に資格は問いません。他誌に掲載されたもの，投稿中のもの，あるいはホームページなどに収載および収載予定のものはご遠慮ください。

2. 論文は「原著論文」「理論・研究法論文」「系統的事例研究論文」「展望・レビュー論文」「資料論文」の各欄に掲載されます。「原著論文」「理論・研究法論文」「系統的事例研究論文」「展望・レビュー論文」は，原則として400字詰原稿用紙で40枚以内。「資料論文」は，20枚以内でお書きください。

3. 「原著論文」「系統的事例研究論文」「資料論文」の元となった研究は，投稿者の所属機関において倫理的承認を受け，それに基づいて研究が実施されたことを示すことが条件となります。本文においてお示しください。倫理審査に関わる委員会が所属機関にない場合，インフォームド・コンセントをはじめ，倫理的配慮について具体的に本文でお示しください。

★ 原著論文：新奇性，独創性があり，系統的な方法に基づいて実施された研究論文。問題と目的，方法，結果，考察，結論で構成される。質的研究，量的研究を問わない。

★ 理論・研究法論文：新たな臨床概念や介入法，訓練法，研究方法，論争となるトピックやテーマに関する論文。臨床事例や研究事例を提示する場合，例解が目的となり，事例の全容を示すことは必要とされない。見出しや構成や各論文によって異なるが，臨床的インプリケーションおよび研究への示唆の両方を含み，研究と実践を橋渡しするもので，着想の可能性およびその限界・課題点についても示す。

★ 系統的事例研究論文：著者の自験例の報告にとどまらず，方法の系統性と客観性，および事例の文脈について明確に示し，エビデンスとしての側面に着目した事例研究。以下の点について着目し，方法的工夫が求められる。
　①事例を選択した根拠が明確に示されている。
　②介入や支援の効果とプロセスに関して尺度を用いるなど，可能な限り客観的な指標を示す。
　③臨床家の記憶だけでなく，録音録画媒体などのより客観的な記録をもとに面接内容の検討を行っている，また複数のデータ源（録音，尺度，インタビュー，描画，など）を用いる，複数の研究者がデータ分析に取り組む，などのトライアンギュレーションを用いる。
　④データの分析において質的研究の手法などを取り入れ，その系統性を確保している。
　⑤介入の方針と目的，アプローチ，ケースフォーミュレーション，治療関係の持ち方など，介入とその文脈について具体的に示されている。
　⑥検討される理論・臨床概念が明確であり，先行研究のレビューがある。
　⑦事例から得られた知見の転用可能性を示すため，事例の文脈を具体的に示す。

★ 展望・レビュー論文：テーマとする事柄に関して，幅広く系統的な先行研究のレビューに基づいて論を展開し，重要な研究領域や臨床的問題を具体的に示す。

★ 資料論文：新しい知見や提案，貴重な実践の報告などを含む。

4. 「原著論文」「理論または研究方法論に関する論文」「系統的事例研究論文」「展望・レビュー論文」には，日本語（400字以内）の論文要約を入れてください。また，英語の専門家の校閲を受けた英語の論文要約（180語以内）も必要です。「資料」に論文要約は必要ありません。

5. 原則として，ワードプロセッサーを使用し，原稿の冒頭に400字詰原稿用紙に換算した枚数を明記し，必ず頁番号をつけてください。

6. 著者は5人までとし，それ以上の場合，脚注のみの表記になります。

7. 論文の第1枚目に，論文の種類，表題，著者名，所属，キーワード（5個以内），英文表題，英文著者名，英文所属，英文キーワード，および連絡先を記載してください。

8. 新かなづかい，常用漢字を用いてください。数字は算用数字を使い，年号は西暦を用いること。

9. 外国の人名，地名などの固有名詞は，原則として原語を用いてください。

10. 本文中に文献を引用した場合は，「…（Bion, 1948）…」「…（河合，1998）…」のように記述してください。1）2）のような引用番号は付さないこと。
2名の著者による文献の場合は，引用するごとに両著者の姓を記述してください。その際，日本語文献では「・」，欧文文献では '&' で結ぶこと。
3名以上の著者による文献の場合は，初出時に全著者の姓を記述してください。以降は筆頭著者の姓のみを書き，他の著者は，日本語文献では「他」，欧文文献では 'et al.' とすること。

11. 文献は規定枚数に含まれます。アルファベット順に表記してください。誌名は略称を用いず表記すること。文献の記載例については当社ホームページ（https://www.kongoshuppan. co.jp/）をご覧ください。

12. 図表は，1枚ごとに作成して，挿入箇所を本文に指定してください。図表類はその大きさを本文に換算して字数に算入してください。

13. 原稿の採否は，『臨床心理学』査読委員会が決定します。また受理後，編集方針により，加筆，削除を求めることがあります。

14. 図表，写真などでカラー印刷が必要な場合は，著者負担となります。

15. 印刷組み上がり頁数が10頁を超えるものは，印刷実費を著者に負担していただきます。

16. 日本語以外で書かれた論文は受け付けません。図表も日本語で作成してください。

17. 実践的研究を実施する際に，倫理事項を遵守されるよう希望します（詳細は当社ホームページ（http://www. kongoshuppan.co.jp/）をご覧ください）。

18. 掲載後，論文のPDFファイルをお送りします。紙媒体の別刷が必要な場合は有料とします。

19. 掲載論文を電子媒体等に転載する際の二次使用権については当社が保留させていただきます。

20. 論文は，金剛出版「臨床心理学」編集部宛に電子メールにて送付してください（rinshin@kongoshuppan.co.jp）。ご不明な点は編集部までお問い合わせください。

(2017年3月10日改訂)

編集後記 Editor's Postscript

　この特集号は一つの挑戦であり，賭けであったと私は思う。今回は本誌始まって以来，初となる「カップルセラピー」をテーマとした特集であった。2001年には「家族」をテーマとした特集「家族の現在と家族療法」（第1巻第4号）が組まれている。「家族」というテーマであれば，一般的に馴染みがあり，特に日本人の心性とも深く関わるテーマとして受け入れられるであろう。しかし「カップルセラピー」というテーマは，多くの読者にとっては，単に"こそばゆく"，戸惑わせるだけのものに終わるかもしれない。そうした文化的背景の中，それでも「カップル」という単位を扱いたかったことには相応の理由があってのことであったが，テーマ選択には懸念もあったわけである（その懸念の大半は金剛出版編集者の藤井氏の肩ばかりに重くのし掛かったかもしれない）。それでも，プロジェクトが始まり，各論考が集まってくるにつれ，日本でのこの領域の奥深さと，カップルと向き合う日本の実践家・研究者達の存在をはっきりと感じ取ることができた。このテーマ選択の正しさを確信した瞬間だった（そういった旨を，藤井氏は言ってくださった）。もし，本特集号を多くの読者が手にとってくれたなら，それは各論考の執筆陣の先生方，適切な形へと導いてくださった編集委員の先生方，そして，この挑戦に快く乗ってくださった藤井氏のお陰である。きっとこの挑戦は日本の「臨床心理学」の歴史に刻まれるだろう。本気でそう信じている。　　　　　　　（三田村仰）

♦編集委員（五十音順）………… 石垣琢麿（東京大学）／岩壁 茂（立命館大学）／上田勝久（兵庫教育大学）
大嶋栄子（NPO法人リカバリー）／黒木俊秀（九州大学）／橋本和明（国際医療福祉大学）
三田村仰（立命館大学）／村瀬嘉代子（大正大学）／森岡正芳（立命館大学）

♦編集同人（五十音順）　伊藤良子／大塚義孝／大野博之／岡 昌之／岡田康伸／神村栄一／亀口憲治／河合俊雄／岸本寛史／北山 修／倉光 修／小谷英文／下山晴彦／進藤義夫／滝口俊子／武田 建／田嶌誠一／田中康雄／田畑 治／津川律子／鶴 光代／成田善弘／長谷川啓三／馬場禮子／針塚 進／平木典子／弘中正美／藤岡淳子／藤原勝紀／松木邦裕／村山正治／山上敏子／山下一夫／山田 均／山中康裕／吉川 悟

♦査読委員（五十音順）　岩壁 茂（査読委員長）／金子周平（査読副委員長）／相澤直樹／青木佐奈枝／新井 雅／石井秀宗／石丸径一郎／石盛真徳／梅垣佑介／川崎直樹／串崎真志／末木 新／田中健史朗／能智正博／野田 航／板東充彦／松嶋秀明／明翫光宜／本岡寛子／山口智子／山根隆宏／湯川進太郎

臨床心理学　第23巻第6号（通巻138号）

発行＝2023年11月10日
定価1,760円（10%税込）／年間購読料13,200円（10%税込／含増刊号／送料不要）

発行所＝㈱金剛出版／発行人＝立石正信／編集人＝藤井裕二
〒112-0005　東京都文京区水道1-5-16
Tel. 03-3815-6661／Fax. 03-3818-6848／振替口座00120-6-34848
e-mail rinshin@kongoshuppan.co.jp（編集）eigyo@kongoshuppan.co.jp（営業）
URL https://www.kongoshuppan.co.jp/

装幀＝岩瀬 聡／印刷・製本＝音羽印刷

北大路書房

〒603-8303　京都市北区紫野十二坊町12-8
☎ 075-431-0361　FAX 075-431-9393
https://www.kitaohji.com（価格税込）

社会構成主義の地平 ナラティヴ・セラピー入門

ーカウンセリングを実践するすべての人へー　M. ペイン著　横山克貴，バーナード紫，国重浩一訳　A5・392頁・定価4180円　ジェンダーや障害，人種，「夫婦」など社会の支配的な価値観から生じる苦悩にどう向き合うか。社会文化的な視野を広げるナラティヴ・セラピーの全体像を構造的に解説。

社会構成主義の地平 カップル・カウンセリング入門

ー関係修復のための実践ガイドー　M. ペイン著　国重浩一訳　A5・308頁・定価3960円　カップルの「二つの視点」の間で複雑な関係におけるセッションをどう構造化するのか，性的な問題，暴力・虐待といった「固有の問題」を取り上げて実践的に解説する。社会文化的な影響を探究し，カップル自らが「物語」るよう導くセラピーを展開。

マインドフルネス認知療法［原著第2版］

Z. シーガル，M. ウィリアムズ，J. ティーズデール著　越川房子訳　B5・400頁・定価4620円　MBCTのバイブル「グリーンブック」の増補改訂版。プログラム進行に事前面接，終日リトリート，フォローアップ集会を追加。さらに，実践の重要要素であるインクワイアリー，思いやり，呼吸空間法についても新たに章を設け詳説。

うつのためのマインドフルネス認知療法ガイドブック

ーよりよい指導を支える理解と方法ー　家接哲次著　B5・304頁・定価4400円　欧米生まれのMBCT，日本で行うには実際どうすれば？　マインドフルネスの源流と発展，事前準備，時間配分や配慮を含む具体的な流れ，指導能力の評価基準，配布物・メモ・教示等，プログラムの理解と指導を支える“生きた”知恵と資料を提供する。

ナラティヴと情動

ー身体に根差した会話をもとめてー　小森康永，D. デンボロウ，岸本寛史，安達映子，森岡正芳著　四六・304頁・定価3520円　ナラティヴ・セラピーは神経科学や「感情」・「身体」とどう関わっているのか？　人文・社会科学における「情動論的転回」がナラティヴ実践に何をもたらすのかを探究。

ふだん使いのナラティヴ・セラピー

ー人生のストーリーを語り直し，希望を呼び戻すー　D. デンボロウ著　小森康永，奥野光訳　四六・344頁・定価3520円　トラウマ，虐待，個人的な失敗，悲嘆，老いなどの困難に対峙するためのユニークな質問や道具，アイデアを提供。「問題の外在化」や「リ・メンバリング」など，人生のストーリーを書き換える方法を実践的に解説する。

精神科診断に代わるアプローチ PTMF

ー心理的苦悩をとらえるパワー・脅威・意味のフレームワークー　M. ボイル，L. ジョンストン著　石原孝二他訳　A5・256頁・定価4180円　社会的なスティグマにより「異常」とされてしまう，人々の苦悩の「意味」を汲み取りそのパターンを特定する包括的構造であるPTMFは，いかに精神科診断のオルタナティブとなりうるのか。英国発のPTMF入門書。

サイコーシスのためのオープンダイアローグ

ー対話・関係性・意味を重視する精神保健サービスの組織化ー　N. パットマン，B. マーチンデール編著　石原孝二監訳　A5・352頁・定価4950円　強制治療や拘束などによる伝統的精神医療を脱し，持続可能な精神保健サービスをどう組織化するか。オープンダイアローグ導入の意義を確認し，既存のシステムへ導入するヒントを世界各地の取り組みから学ぶ。

シリーズ 心理学と仕事⑧ 臨床心理学
太田信夫監修／高橋美保，下山晴彦編集　定価2200円

公認心理師標準テキスト 心理学的支援法
杉原保史，福島哲夫，東 斉彰編著　定価2970円

心理学ベーシック 第5巻 なるほど！ 心理学面接法
三浦麻子監修／米山直樹，佐藤 寛編著　定価2640円

マインドフルネスストレス低減法
J. カバットジン著／春木 豊訳　定価2420円

レベルアップしたい実践家のための 事例で学ぶ認知行動療法テクニックガイド
鈴木伸一，神村栄一著　定価2530円

愛着関係とメンタライジングによるトラウマ治療
J. G. アレン著／上地雄一郎，神谷真由美訳　定価4180円

ナラティヴ・セラピーのダイアログ
国重浩一，横山克貴編著　定価3960円

ナラティブ・メディスンの原理と実践
R. シャロン他著／斎藤清二他訳　定価6600円

グラフィック・メディスン・マニフェスト
MK. サーウィック他著／小森康永他訳　定価4400円

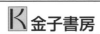

広告

ミネルヴァ書房

このまま使える

不安症状のある自閉症児のための認知行動療法（CBT）マニュアル

神尾陽子編著

国立精神・神経医療研究センターが独自で開発した認知行動療法の手引き書。自閉症の（疑いのある）児童・生徒から不安をなくす／軽減させるためのワークシートを用いた10回のセッションをわかりやすく解説・紹介する。

4620円

既刊

〈自閉症学〉のすすめ

オーティズム・スタディーズの時代

野尻英一／髙瀬堅吉／松本卓也編著

心理学、哲学、文学、法律、生物学等から、自閉症にアプローチ、現代社会を広く問い直す。國分功一郎×熊谷晋一郎×松本卓也による鼎談も収録。

2200円

心理的アセスメント

適切な支援のための道しるべ

大島　剛／青柳寛之編著
川畑直人／大島　剛／郷式　徹監修

公認心理師の基本を学ぶテキスト⑭

心理的アセスメントの目的とその手法について概観し、豊富な事例から様々な領域におけるアセスメントの実際を学ぶ。

A5判美装カバー＊2420円

アンガーマネジメントトレーニングブック 2024年版

日本アンガーマネジメント協会監修

◎今の自分をステップアップ！
◯◯◯常に手元で見て確認できる手帳書き込み式
◯「自分のイライラと上手に付き合いたい」人に
◯「怒りの傾向がわかる」（アンガーマネジメント診断）

怒りやイライラで後悔しないために……ポジティブに毎日を生きるコツを身につけよう！

A5判ビニルカバー240頁 2200円

〒607-8494 京都市山科区日ノ岡堤谷町1 ＊表示価格税込　目録呈
TEL 075-581-0296 FAX 075-581-0589 www.minervashobo.co.jp/

日本評論社 105th 新しいページを開く

こころの科学 232号

吉川　徹［編］（愛知県医療療育総合センター中央病院）

特別企画

子どもの声を聴く
支援の現場から「子どもの権利」を考える

一人ひとりの子どもの声に耳を傾けるために、私たちには何ができるだろうか。福祉や教育、医療、司法など、様々な支援の現場で考える。
■連載：カップルセラピーは夫婦を危機から救えるか……三田村仰

1496円

そだちの科学 41号

20周年記念号

特集

自閉スペクトラム症のこれから

滝川　廣・杉山登志郎・田中康雄・村上伸治・土屋賢治［編］

診断基準が大きく変わり、概念も広く拡散したASD。理解も広がり、新たなステージを迎えている今、これからの課題を共有したい。

1760円

まちにとけこむ公認心理師

津川律子・遠藤裕乃［編］

枠に囚われず活躍する心理職達が、業務開拓に至る道のりを明かし、未来を語る。

2420円

暮らしに広がるポジティヴヘルス

オランダ発・レジリエントな健康のかたち

シャボットあかね［著］

本人主導をキーワードに、国から地域で様々な分野が展開するポジティヴヘルスの実践例を紹介！
◆さあ、新たな"健康"を創造しよう

2640円（税込）

本人と家族のための双極症サバイバルガイド

デイヴィッド・ミクロウィッツ［著］／加藤忠史［監訳］
宗未来・酒井佳永・山口佳子［訳］

世界中で読まれている双極症のガイドブック、待望の日本語訳。双極症にありがちな体験から治療法、対処のコツまで網羅した決定版。

3960円

無意識の発達

精神療法、アタッチメント、神経科学の融合

アラン・N・ショア［著］／筒井亮太・細澤　仁［訳］

乳幼児が養育者と見つめ合い、触れ合い、語り合う中で発達する時、その脳の中では何が起こっているのか。膨大な知見を紐解く。

「現代愛着理論」と「対人神経生物学」を右脳が結ぶ

4620円

〒170-8474 東京都豊島区南大塚3-12-4
TEL：03-3987-8621 FAX：03-3987-8590 ▶https://www.nippyo.co.jp/
＊表示価格は税込価格です

欲望の謎
精神分析は性，愛そして文化多様性にどう向き合うのか

[著] ガリト・アトラス
[監訳] 北村婦美

「一者心理学と二者心理学の橋渡し」「英語圏とフランス語圏の精神分析の橋渡し」「古典的精神分析とアタッチメント理論の橋渡し」という3つの橋渡しを行った関係精神分析ムーヴメントの旗手のひとりガリト・アトラスが，その理論面の根拠となった具体的な臨床経験を提示していく。性愛的転移，治療者／患者の妊娠，母親になるという「断絶」体験，暴力的ファンタジー，攻撃者との同一化，……など，全編をクライエントたちとの〈臨床的なお話clinical tales〉でたどる，現代精神分析のリアル！　　　　　　定価4,620円

リーディング・ビオン

[著] ルディ・ヴェルモート
[監訳] 松木邦裕　[訳] 清野百合

ウィルフレッド・ビオンは現代の心理療法，精神病理学に影響を与え続ける偉大な精神分析家であり，彼の著作を読むことは，臨床家にとってほかに置き代わることのない体験と言える。本書は，その体験の同伴者となり，ビオンの功績の中に読者自身が道を見出すのを助けることを目的とする。本書では，ビオンの理論の中心となる4つの書──『経験から学ぶこと』，『精神分析の要素』，『変形』，『注意と解釈』のほか，数多くの著作や講演録を網羅し，年代順に辿りながら詳細に解説していく。経験豊かな精神分析家や心理療法家にとっても最良の一冊となる手引。　　　　　　　定価5,280円

物語と治療としての精神分析

[著] アントニーノ・フェロ
[監訳] 吾妻 壮　[訳者代表] 小林 陵　吉沢伸一

アントニーノ・フェロは，クライン派精神分析の訓練を受けた後，ビオンの革新的なアイディアとバランジェ夫妻のフィールド理論に強く影響を受け，物語論を参照し独自の観点から「ビオニアン・フィールド理論」を構築した。本書では，「転移－逆転移」という従来の枠組みを更新し，「フィールドの機能」という新しい視座を提唱している。患者と分析家双方によって織り成されるフィールドにおいて，二人の心の交わりがナラティヴとしていかに表現されるのか，そして，それをどう理解し共同の語り直しが展開していくのかが多彩なケース・ヴィネットとともに示される。　　　　定価4,400円

価格は10%税込です。

新刊案内

Ψ金剛出版　〒112-0005　東京都文京区水道1-5-16　Tel. 03-3815-6661　Fax. 03-3818-6848
e-mail eigyo@kongoshuppan.co.jp　URL https://www.kongoshuppan.co.jp/

関係精神分析の技法論
分析過程と相互交流

［著］スティーブン・A・ミッチェル
［監訳］横井公一　辻河昌登

本書は，関係精神分析の大家ミッチェルの技術論的集大成であり，さらに現代精神分析思想の諸潮流（対象関係論，自我心理学，自己心理学，関係論的精神分析）を概観するための優れた入門書ともなっている。治療作用，相互交流という鍵概念を多学派と比較しながらわかりやすく解説し，究極の目標と言うべき，臨床の豊かさを生みだすための適切な治療技法を探る。読者は本書を読むことで，精神分析へのミッチェルの貢献をより深く理解し，臨床に役立てることができるであろう。　定価5,280円

境界性パーソナリティ障害のための転移焦点化精神療法
クリニカル・ガイド

［著］フランク・E・ヨーマンズ　ジョン・F・クラーキン　オットー・F・カンバーグ
［監訳］妙木浩之　［訳］鳥越淳一

週1〜2回で実践される転移焦点化精神療法の治療モデルは現代における力動的精神療法の在り方にマッチしており，その戦略や戦術は，精神力動的精神療法家にとって有益な指針となりうる。付属するDVDに収録された，カンバーグ，ヨーマンズ本人による貴重な面接のデモンストレーション映像は，すべての臨床家にとって必見の資料である。　定価5,720円

〈自己〉と〈他者〉の心理療法
自閉スペクトラム症と統合失調症スペクトラム障害の精神病理

［著］白井聖子

心理療法場面で生じる独特な感覚やつながりをもつことの難しさに着目し，精神病理学の碩学，木村敏の自己論を心理療法に活かせるということを，自閉スペクトラム症と統合失調症スペクトラム障害の事例を通して詳述していく。従来の精神病理学が統合失調症スペクトラム障害の理解に力を注いできたのと同様に，自閉スペクトラム症に対しても，問題行動や症状の背後にあるものは何だかという問いとして，精神病理学の視点が適用可能であると考える。そして本書が目指すのは，クライエントとの「つながらなさ」への心理療法と精神病理学を統合して臨床に活用する試みである。　定価3,740円

価格は10％税込です。

新刊案内

Ψ金剛出版　〒112-0005　東京都文京区水道1-5-16　Tel. 03-3815-6661　Fax. 03-3818-6848
e-mail eigyo@kongoshuppan.co.jp　URL https://www.kongoshuppan.co.jp/

精神科医という仕事
日常臨床の精神療法
[著] 青木省三

その四十年以上にわたる臨床経験から，クライエントの生活を支援するための支持的な面接を中心に，本書には「筆者の考える精神療法の基本」が述べられている。筆者は支持的精神療法について，「その人の生き方・考え方を変えようとするのではなく，『今，一生懸命に生きている，その人を支える』もの」であると述べる。そして，経験に基づいた面接の定石から，日常臨床で遭遇するピットフォール；落とし穴，思わぬ危険，さらに精神科臨床では不可欠な，症状の把握から病名・診断の過程，薬や環境調整の考え方まで，日常臨床に応用可能な精神科医としてのtipが全編で語られる。　定価3,080円

精神療法面接における傾聴と共感
[著] 木村宏之

臨床現場では，薬物療法だけでは改善が見られない患者がたくさんいる。本書は2015年に刊行した『面接技術の習得法』に続く，面接技術をさまざまな臨床場面で応用するための「実践編」である。神経性やせ症，パーソナリティ障害，ひきこもり，リエゾン精神医学，臓器移植，アルコール性肝不全，高齢者まで，多方面にわたって面接技術を紹介していく。精神科医としてさまざまな困難を持つ患者と接してきた著者の論考は，読者に数多くのヒントを残すだろう。　　定価3,960円

ステップファミリーの子どもとしての私の物語
親の離婚・再婚でできた「ギクシャク家族」が「ふんわり家族」になるまで
[著] きむらひとみ

「ステップファミリー」の子どもである著者自身の経験を率直に語った一書。親の事情で振り回される子どもたちが安心して自分の気持ちを語り，その声に耳を傾けられる社会を実現する重要性とは。「うちはどうしてうまくいかないんだろう」という，どんな家族にも浮かんでくる可能性のあるこの疑問に子どもの立場から答えを探り，解決のための道筋を考える。　定価2,640円

価格は10%税込です。

新刊案内

Ψ金剛出版　〒112-0005　東京都文京区水道1-5-16　Tel. 03-3815-6661　Fax. 03-3818-6848
e-mail eigyo@kongoshuppan.co.jp　URL https://www.kongoshuppan.co.jp/

プロセス・ベースド・セラピーをまなぶ
「心の変化のプロセス」をターゲットとした統合的ビジョン

[著] ステファン・G・ホフマン　スティーブン・C・ヘイズ　デイビッド・N・ロールシャイト
[監訳] 菅原大地　樫原潤　伊藤正哉

本書は，単一の治療技法やプロトコルについての解説書ではない。プロセ
ス・ベースド・セラピー（PBT）という，「セラピーの新しいあり方」を示
す枠組みについての解説書である。ステファン・G・ホフマンとスティーブン
・C・ヘイズ——現代の心理療法研究をリードする二大巨頭によって，
PBTは生み出された。ネットワーク科学や進化科学の理論を取り入れたこ
の枠組みは，心理療法のあり方を根底から問い直し，学派の分断を超えた
テーラーメイドのセラピーを実現するための道筋を示す。　　　定価3,960円

新装版 ことばと行動
言語の基礎から臨床まで

[編] 一般社団法人 日本行動分析学会

行動分析学と言語の発達を知る上で必須の一冊が待望の復刊！　行動分析学
という共通の枠組みの中で，理論，基礎，言語臨床への応用までを論じてお
り，関連する学問領域の研究成果も検討し，行動分析学の観点からの展望や
データを提示する。臨床支援の具体的な技法や実践例（発達臨床における言
語の早期療育，学校教育の中での言語指導，問題行動解決のための言語支援
技法，脳障害のある人への言語療法における支援技法など）を示すことで，
言語聴覚士，臨床心理士，公認心理師だけでなく，ヒューマンサービスの現
場にいるあらゆる人に役立つ内容となっている。　　　　　　定価4,620円

聴覚障害×当事者研究
「困りごと」から，自分や他者とつながる

[編著] 松﨑丈

聴覚障害と当事者研究の新たな出会い——「感覚・身体」「対話・情報」「物
語」から開拓される，未だ見ぬ新たな当事者研究の世界！　問いがささや
き，対話がつながり，言葉がうまれる——〈わからない〉を〈わかちあう〉，
来たるべき当事者研究の世界へ！　自分自身の「感覚・身体」から，他者や
社会との間にある「対話・情報」，そして他者や社会との対話から紡がれる
「物語」へ——ずっとひとりで抱えてきた「困りごと」を，自己との対話・
仲間との対話で研究しよう！　弱さのままに生きていける「知」，まだ誰も
知らない「言葉」を探る，当事者研究のあらたな世界。　　　定価3,740円

価格は10%税込です。

新刊案内

Ψ金剛出版　〒112-0005　東京都文京区水道1-5-16　Tel. 03-3815-6661　Fax. 03-3818-6848
e-mail eigyo@kongoshuppan.co.jp　URL https://www.kongoshuppan.co.jp/

協働的／治療的アセスメント・ケースブック

[編著] スティーブン・フィン　コンスタンス・フィッシャー　レオナード・ハンドラー
[監訳] 野田昌道　中村紀子

協働的／治療的アセスメントとは，クライアントが生きている場で，クライアントごとに個別化された，クライアントが共同発見者となる「双方向的アセスメント」である。成人の個人アセスメントから，子ども・思春期・若者のアセスメントまで，多彩なケースをもとに，「ティーチング・ポイント」で経験知を補足しながら，クライアントの人生をポジティブに変える「協働的／治療的アセスメント」の方法と実践を解説する。　　　　　　定価4,950円

ロールシャッハ実践ガイド
心理アセスメントの力を伸ばす

[監修] 包括システムによる日本ロールシャッハ学会
[編] 包括システムによる日本ロールシャッハ学会認定資格委員会

包括システムの知識を深めて，CPCS（シーピクス）試験に挑んで，ロールシャッハ・テストのスキルアップ！「包括システムによるロールシャッハ・テスト」（以下，CS）を正しく実施するために設けられた「包括システムによるロールシャッハ・テスト認定資格」（以下，CPCS）。本書はCPCS試験問題の解説を通じて，CSの知識を深め，対象者理解と支援計画の策定に役立つスキルを身につけ，そしてCPCS試験に挑むことができる実践的な内容となっている。　　　　　　定価3,080円

コラージュ療法のすすめ
実践に活かすための使い方のヒント

[監修] 森谷寛之　[編] 日本コラージュ療法学会

本書では，簡便で取り組みやすい「切り貼り遊び」が，子どもから高齢者，身体や心に障害をもつ人や表現が苦手な人などに世代や表現力，症状などを問わずにあらゆる臨床領域で適用できることが実践の記録から示される。また，他の心理療法との併用，グループでの実施や異文化での実践，心理臨床家の教育訓練，他分野への応用といったテーマでコラージュ療法のさらなる広がりが描き出される。「切り抜き素材」という言語を手がかりに，心の内奥からのメッセージを丹念に拾い集め，意識との間に定位させるという繊細ながらダイナミックな技法の魅力を伝える実践の書。　　　　　　定価3,960円

価格は10%税込です。

新刊案内

Ψ金剛出版　〒112-0005　東京都文京区水道1-5-16　Tel. 03-3815-6661　Fax. 03-3818-6848
e-mail eigyo@kongoshuppan.co.jp　URL https://www.kongoshuppan.co.jp/

公認心理師標準テキスト

［監修］一般財団法人 日本心理研修センター

現任者講習会の指定科目──「公認心理師の職責」「主な分野に関する制度」「主な分野（保健医療，福祉，教育，司法・犯罪，産業・労働）に関する課題と事例検討」「精神医学を含む医学に関する知識」「心理的アセスメント」「心理支援」「評価・振り返り」──を基本に，出題範囲に含まれ，臨床実務にも欠かせない「基礎心理学」科目を収録。資格取得者がそれぞれの任地で課題に直面した際，支援者に必要なコンピテンシーや基本的な姿勢を学び直すことにも大いに寄与するものである。第6回試験問題など各種付録の最新版を収録するほか，新たな法令に即して全面的な改編も施された，アップデートされ続ける発展期の公認心理師時代の決定版テキスト。　定価4,180円

子どものこころの
診療のコツ 研究のコツ

［編］中村和彦

児童精神科医となって半世紀の杉山登志郎氏は，「臨床能力は一生進歩する」と語る。本書では，気鋭の児童精神科医たちが，それぞれの臨床の得意分野について，どのような点にフォーカスし診療・診察しているのか，また，診療と並んで，これから研究に取り組みたいと考える若い人たちに向けて，研究に役立つエッセンス・かんどころを，現場のホンネをまじえてつまびらかにする。　定価3,520円

マインドフル・カップル

パートナーと親密な関係を築くための実践的ガイド

［著］ロビン・D・ウォルザー　ダラー・ウェストラップ
［監訳］野末武義　［訳］樫村正美　大山寧寧

人と人とのつながりを得ることは喜ぶべきことで豊かな人生をもたらす。しかし時には相手に愛着・欲望・恐れ・期待があることにより，関係が疎遠になったり苦痛になったりすることもあるだろう。人間関係において相手との葛藤や違いは避けて通れないものである。本書では，ワークを通して自分自身がマインドフルになり，自分の中にある期待や願望を理解し優しく受け止めることで，いきいきとしたパートナーとの関係を目指していく。　定価2,970円

価格は10%税込です。

好評既刊

Ψ金剛出版　〒112-0005　東京都文京区水道1-5-16　Tel. 03-3815-6661　Fax. 03-3818-6848
e-mail eigyo@kongoshuppan.co.jp　URL https://www.kongoshuppan.co.jp/

はじめてまなぶ行動療法

[著]三田村仰

行動科学研究から臨床応用まで，心理臨床の歴史そのものと呼ぶにふさわしいほど長い歴史と蓄積をもつ行動療法。「パブロフの犬」の実験から認知行動療法，臨床行動分析，DBT，ACT，マインドフルネスまで，行動療法の基礎と最新のムーブメントをていねいに解説する研究者・実践家必読の行動療法入門ガイド。第1章から順にやさしく読める文体で，基礎知識だけでなく行動療法臨床のエピソードも織り交ぜて解説。重要概念を整理した巻末付録「用語解説・定義」や研究論文の文献も紹介しながらさらなる学びにつなげるためのヒントも豊富に盛り込んでいる。はじめて読んでもよくわかる，行動療法の歴史・原理・応用・哲学を学べる教科書。　　定価3,520円

カップルのための感情焦点化療法
感情の力で二人の関係を育むワークブック

[著]ベロニカ・カロス＝リリー　ジェニファー・フィッツジェラルド
[監訳]岩壁茂　[訳]柳沢圭子

本書では，読み進めながら33のワークをこなすことにより，個人の感情とパートナー同士のやりとりに焦点を合わせ，パートナーとの絆をよりよいものにするための方法を提示する。具体的には，まず①関係にまつわる欲求が満たされない時に双方でどういう反応が起こるのかを知る，②双方の感情を理解する，③双方の感情，欲求，希望，願望について語り合う，このプロセスを踏むことで二人の信頼を深めていく。パートナー間で有意義な会話を重ねることによりお互いを尊重することが可能となるだろう。　　定価4,180円

私をギュッと抱きしめて
愛を取り戻す七つの会話

[著]スー・ジョンソン
[監修]岩壁茂　[訳]白根伊登恵

互いの脳内に刻まれた愛着がありながら，二人を引き離す感情の瞬間に着目し開発された「感情焦点化療法」という新しいケアは，カップルがお互いに心を開き，波長を合わせ相手の働きかけに応じられるよう導く最新のセラピーだ。療法を受けた7割以上の夫婦が愛情を取り戻すという驚異の成果を生み，世界中で注目を集めている。失敗が許されないカップルセラピー。本書は，その確かな手法を丁寧な事例研究をもとに提供する治療者の道しるべだ。　　定価3,740円

価格は10%税込です。